一五『食』

不忘初心，方得始终，十年阿五，再启征程！

一五『食』

阿五美食是怎样炼成的？

主编 郎麟
执行主编 周欣

河南科学技术出版社
·郑州·

编委 刘斌

图书在版编目(CIP)数据

一五一"食"：阿五美食是怎样炼成的？ / 郎麟主编.
郑州：河南科学技术出版社，2014.3
ISBN 978-7-5349-5014-8
Ⅰ.①一… Ⅱ.①郎… Ⅲ.①饮食业－商业经营－经验－郑州市
Ⅳ.①F719.3

中国版本图书馆CIP数据核字(2014)第036728号

出版发行：河南科学技术出版社
地址：郑州市经五路66号 邮编：450002
电话：(0371)65737028 65788613
网址：www.hnstp.cn 编辑信箱：guran001@163.com
策划编辑：顾 苒
责任编辑：顾 苒
责任校对：柯 姣
封面设计：张 伟
版式设计：师 东
责任印制：张艳芳
印　　刷：郑州瑞祥彩色印务有限公司
经　　销：全国新华书店

幅面尺寸：185mm×255mm 印张：16.25 字数：360千字
版　　次：2014年3月第1版 2014年3月第1次印刷
印　　数：1-15000册
定　　价：99.00元

如发现印、装质量问题，影响阅读，请与出版社联系。

目录

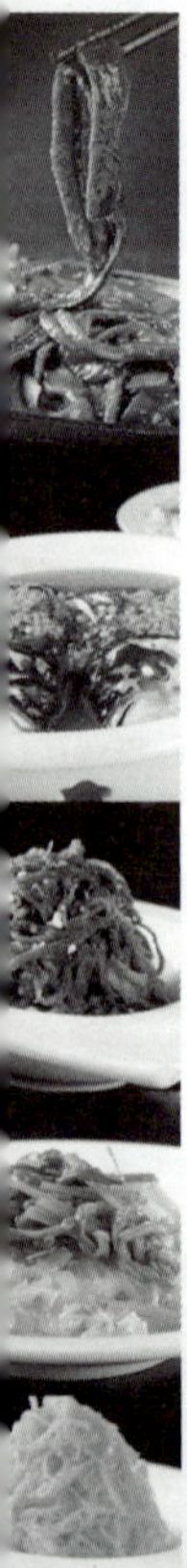

阿五豫菜梦

阿五的梦想，和豫菜有关。

梦想绝不是虚无缥缈的幻想，以及不切实际的空想。

它有可以依赖的土壤，有支持它生长的条件，有自己一往无前的决心去为之奋斗，然后等待一次机遇的成熟。

缺一不可。

十年前，樊胜武在郑州建业路刚开始创业的时候，那一间小店还叫阿武美食。

关于他创业的故事，太多媒体已经报道过，我们从品牌的角度来分析，樊胜武当时内心认定要做的豫菜，让他成功的走向了餐饮行业里的蓝海。

红海竞争与蓝海竞争，是品牌市场里的一个有名的观点。

在红海，面临市场同质化严重，竞争饱和的情况下，怎样迅速的找准机会点，从而开辟蓝海，是保障一个品牌获得成功的关键。

2004年，传统中餐行业的现状就是：品质好的在大酒店，但价格较贵；价格便宜的小饭店，品质上得不到保障。

其实，在大酒店与小饭店之间，是有着巨大空间的。

现在我们看到，全国出现了一大批装修有格调，菜品有保障，但价格便宜的品牌餐饮，备受热捧，甚至出现不断翻台，排队等位的情形。

可在十年前，尤其是在中原腹地的

郑州，阿五勇敢地走出了第一步。

也在十年前，阿五美食就经历了备受热捧，不断翻台，排队等位的情形。

作为已是中国烹饪大师的樊胜武，刚从五星级大酒店辞职的他，想法很简单，开一家豫菜馆，用个人品牌+产品品牌，同时，突出亲切感+品质感。

为此，他亲自写了"大酒店太贵，在家做太累，阿五美食最实惠"这样的宣传语，同时，他仿照《陋室铭》，写了一篇"店不在大，有客则名，菜不在多，有味则灵"的文章，表明经营的方向与内心的志向。

在不经意间，樊胜武做的其实是品牌的定位。

品牌有一个定位理论，定准位置，决定未来的发展。

实则樊胜武要做的，是在当时整个市场高端餐饮高利润，低端餐饮低利润下的品质餐饮向市场要利润的改变。

如果樊胜武是个预言家，那十年后的餐饮格局，他在十年前就已经让阿五美食去朝着这个方向做。

其实好的企业家就是预言家，因为所有的预言，基于对市场的分析、判断，发现规律，运用规律，在规律中就可以顺势而为。

公元前300多年，庄子在他的《庄子养生主》里记载了一位丁姓厨师神乎其神的技艺，这篇文章叫《庖丁解牛》，是我们中学时学过的一篇文章，它告诉我们掌握规律办事就可以游刃有余。解牛如此，推而广之万物皆有规律，所以，"臣之所好者，道也"！

还有一句唐太宗的话我们也应该熟悉，"以史为鉴，可以知兴替"，从历史中也可以找到事物发展的规律。

北宋时期的开封，是中国饮食文化的顶峰，也是豫菜的顶峰，心怀豫菜复兴梦的樊胜武发现，虽然豫菜是宫廷菜，但顶峰时期的北宋，餐饮状况其实遍布市井夜市，一本《东京梦华录》里各种美食下描绘的正是市民的一场盛宴。

2013年底《阿五家园》的卷首语，樊胜武写了这么一句"与其在王的盛宴里推杯换盏，不如在市民的盛宴里把酒言欢"。他在文章里解释说，王的盛宴就是高端餐饮，市民的盛宴，就是以阿五美食为代表的有品质的大众餐饮。

这算是十年后，樊胜武对他十年前这样一个定位的书面总结。

定位一准确，也就明晰了发展的方向，接下来，他的一项项举动衔接起来，仿佛又打出了一套建立品牌的组合拳。

他以明星效应来塑造品牌。小小的饭店里，挂满了他和各路明星的合影，不仅仅是一般人认为的娱乐演艺界的明星，还有行业内的大师，以及著名的美食家、政要名流等。

不管是来看热闹或者看门道，阿五美食的品牌已经开始让你有记忆了。

他以产品来带品牌。在人们对饭店没有特别认知的时候，先征服你的口味，让你对产品有印象。

从一开始重点推出的阿五牛奶炒饭（现在改名叫阿五炒饭）、阿五豆腐等特色菜，直到现在依然是点菜率最高的菜品，并且申报了专利，单品已累计销售过亿元！

他和策划公司合作来包装品牌。调整修改自己的VI和宣传品，对内对外企业文化的建设，形成品牌的推广形象。

他以口碑来宣传品牌。先从附近的居民开始，看重顾客就餐的满意度。为此他亲自下厨，严格要求菜品；并和客人交流，征询他们的意见。那个时候还没有微博、微信朋友圈，但仅仅口耳相传间，就为他带来了多少客户，前一段时间，在一个企业家俱乐部走进阿五美食学习讨论会上，有一位老总第一句发言就是：我是建业的业主，从阿五美食第一家店吃到现在，算是忠实的粉丝。

他借助媒体来传播品牌。积极广泛的和电视台、报纸以及DM杂志合作，以特色美食的形式吸引了众多的报道。

他和大品牌合作来提升品牌。最早的一批客人应该都记得，阿五美食的每张餐台上，都写着，本饭店采用毛庄无公害蔬菜、李锦记/联合利华调料、双汇肉……

他把自己本身也塑造成品牌。发表文章，主持节目，多次参与全国及世界各个大赛与活动，这一阶段，樊胜武自己笑称，拿奖拿到手软。

……

在这一系列的品牌建立举动中，最核心的是定位，他从一开始就宣称，自己做的是新派豫菜、精品家常菜，现在看来是相当的精准。

什么是豫菜？十年前，作为河南人恐怕也没有多少人知道这个答案。

这正是樊胜武心中所不甘的，豫菜曾有的辉煌为什么不能在新时代再一次展现？

新派豫菜，是他认为豫菜在新时代下该有的新解读。

这对豫菜是传承又是发扬，是向传统学习，又是走创新之路。

来自他内心不可磨灭的豫菜之梦，让品牌为自己找到了一个可以全情释放和持续解读的空间。

借用一句广告语形容接下来阿五品牌跨越式的发展：有空间，就有可能。

从他自己拿奖，到企业拿奖，到企业培养的厨师拿奖。

从自己出去参加活动，到组织厨艺绝技表演团、聚集豫菜企业一起抱团打天下。

从自己下厨、征询意见到成立菜品研发中心和优质服务专业委员会。

从口碑传播到各种新媒体的互动式体验传播。

从包装品牌到品牌自身文化的多角度输出。

从明星效应的继续发酵到阿五自身参与公益活动、影视拍摄效能的发挥。

从和大品牌合作的借力打力到成为行业品牌标杆的沉稳发力。

从几个产品的特色招牌到多种菜品的专利保护。

从一家小店的经营发展方法到集团文化的品牌战略搭建。

从单品牌的深度耕耘到多品牌的合力出击。

从对阿五的宣传，到对豫菜企业、中原文化整体的推广。

……

心有多大，舞台就有多大。

或者说，梦想有多大，天地就有多大。

在梦想开始发芽生长之时，让我们先把视角再拉回最初的阿五美食，看看埋下的这颗梦想的种子是怎么开始孕育的。

你必须承认，樊胜武在当时的一些想法，在现在看来，也是超前的。

比如他从一开始就不断强调的坚持不放味精、色素，用高汤做菜。

这句话当时是贴在每一张桌子的餐牌上，广而告之。

在食品安全越发被重视的今天，消费者对餐饮的要求也越来越回归健康自然的今天。

餐饮界出现了裸烹的概念。

裸烹，指的就是保持食材本真的味道，用自然的调味来中和。

十年前，阿五美食就在这么做了。

十年后，还有很多餐饮企业连这样的概念都不知道。

樊胜武说，食品安全和品质问题是经营饭店的底线，但裸烹的思想，却来自豫菜的特性。

豫菜五味调和，质味适中，本就是最健康的烹调方法。

和大多数菜系靠食材来博眼球，豫菜更讲究的是遇到怎样的食材该怎样去烹饪最合适。

所以，去除掉裸烹在媒体炒作上的演绎，其实这样的烹饪技法，从一开始就是阿五美食里一种自然而然的行为。

如此看来，豫菜的好处，更要让大众都能感知到！

于是，从个人热爱豫菜品牌的阿武，到众人接受豫菜品牌的阿五，这几乎是樊胜武很快就做出的改变。

从个人角度，武取他的名字，五是他的排行，依然有个人的热爱；但最重要的是，五可以延展出豫菜的特性，也是中原文化乃至中国文化的根本属性，能够衔接到世界的舞台。

他把豫菜最重要的特性五味中和，分别用在了阿五美食和之后的一个升级品牌阿五中和会的名字上。

然后在企业文化里，写进了“以味为核心，以养为目的”的条目。

用心良苦，是因为他知道，追梦的道路必定是苦尽甘来。

最初的阿武美食，是阿五豫菜梦扎实落地的第一步，是站在樊胜武个人角度的呈现，完全听从他内心想法的一次亮相，这个时候，以品牌论，还只能算是个人最初级的品牌意识，毕竟，企业的品牌是由己及人的共同梦想来构建的。

所以，当阿武变成阿五的时候，樊胜武开始有意识地在品牌传播上，对阿五美食进行了系统的文化工程建设。为此，他甚至研究了发音的传播，他说，阿武到阿五变的是文化的视野，读音没变。阿五读起来就像小孩子吃饭一样的声音“啊呜”，阿五，啊呜，“我想让人们对美食的态度回归到像小孩子一样，珍惜每一口食物的味道”。

珍惜每一口食物的味道。很多研究阿五的人，并不知道，从一开始，樊胜武在食材的安全健康之上，更是提出了这样一个心灵返璞的概念。像小孩子一样不受更多意识的干扰，享受一顿美食，就是享受一顿美食。这是基于人们在经济高速发展阶段产生的集体狂欢后而应该有的对生活本质的安静沉淀。我们必须看到，这对于阿五的品牌建设，从一开始就注入了一种情怀的影响。

品牌源于梦想，情怀让梦想实现的过程中多了一种独一无二的味道。

正是阿五十年前有的情怀，才从产品到品牌的高度上，为后来的发展做了多么有意义的奠基。

举个例子，我们看到阿五的菜品其实一直注重意境的渲染和创意的发挥，注重普通食材里搭配而产生的相互调和又奇妙呈现的味觉反应。

这就是樊胜武一直遵循的，美食应该带给你的是重新发现生活中的美丽。

樊胜武的豫菜梦，在回顾的历史探寻与前瞻的市场判断顺势结合中，在个人情怀与心中梦想的交织璀璨中，越发清晰的照亮了前行的天空。

他也从一个传统的豫菜厨师，开始慢慢转变成一个企业的管理者，豫菜品牌的传道者。

而一个企业的品牌之路，也在那个时候，开始真正的踏上征程。

序二

开始
就有梦想

谁说这是平常的一天？阳光温暖人心，大地万物复苏；我们告别冬的寒冷，去迎接春的喜悦。

10年的洗礼，脚步再坚实了几许，心志更坚定了几分，虽然不可避免的遭遇到一些挫折，但面对企业和个人的收获，我们终究还是微微地笑了。

——这是一个收获祝福的日子，要赶紧抹去浮尘，擦亮梦想。

但这其实也是很平常的一天，来来往往人海茫茫，时光的年路周而复始，历史并不常常在某个特定时刻让一切发生改变，只是在我们的心里，习惯成一个开始。

一开始，就有梦想。

庆幸自己在十年前的选择，为了一个埋藏在心中的梦想，毅然放弃了悠闲的生活，投入艰苦创业的阶段。

庆幸一开始就找对了方向，所以，之后的坚持和努力，千磨万击还坚劲，任尔东西南北风！

一边是传承千年的菜系，一边是耕耘十年的企业，阿五美食扛起豫菜复兴的大旗，走过风雨，走过非议，走过荣誉，正走在春天里。

我们乐观的回首，十年的历程才刚刚放飞梦想，从郑州的一家小店到全国以及国外的几十家连锁店，豫菜慢慢地走出中原，走出中国，让人们慢慢地开始去认可，去接受，去喜欢，阿五美食也成了河南豫菜的品牌示范店。

有了开始，即便梦想百年，也新意盎然。

我们现实的记录：10年的历程也面对疑惑、不解和不屑。当我们自发组织厨艺绝技表演团，将豫菜和河南文化传播到更多人的心中时，当我们获得一个个奖项和荣誉时，当我们积极参与各种媒体的互动时，当我们不断的参加行业内的交流活动时。

我们想说，阿五美食认定了自己的梦想，就要坚定地走下去。这个时代太过于急功近利，梦想只对同样有梦想的人诉说。新时代的餐饮企业，更要有走下去的勇气和方法，故步自封和夜郎自大，永远不可能对行业的发展有建树。

无论如何，我们仍然记得那个从一开始就被镌刻在心中的宗旨：坚持用“人品”做生意，在“味道”上下工夫。

在人品上，阿五有慈善事业的无私奉献，有企业员工的拾金不昧……在“味道”上，阿五有食材上的精挑细选，有原料上的精工细作……这些看来没有经济利益，增加成本的做法，对我们来说，却是企业的立身之本。我们敢在市场的鱼龙混杂中一登场就亮出自己的本色，这又何尝不是一个新的开始？

所有的开始，在不同的层面指向同一个终点：顾客之体验和感受的改善。10年的奋力与求索，在这路途中阿五为顾客大写了这两个关键的名词：人品与味道。它们，不正是餐饮企业的基本准则吗？推而广之，这不也正是一个企业长远发展的基本准则吗？

豫菜复兴依赖于企业和个人的不断努力，依赖于从而带动的整个行业和社会各界人士来关注来参与，只要我们的企业健康茁壮地走下去，我们的梦想不休不止。

携着这样的梦想，今天与你见面的阿五美食已经走过10个年头。

这10年，餐饮市场持续激变，我们为变革而生，但梦想持续未变：为豫菜的每一个进步喝彩加油，为确立豫菜地位添注加解，为豫菜的生存现状呐喊张目……

今天的豫菜，传承与创新成为新时代的关键词，我们保持对传承的兴奋，因为这关乎与历史对接的“为有源头活水来”，回过头，很多优秀的前辈和知识依然是我们学习的榜样；我们也毫不讳言对创新的兴趣，因为这代表与时代合拍的“新栽杨柳三千里”，向前看，跨出地域的局限，甚至结合西方菜式的一些做法，最终融合汇通成更符合时代气息，更贴合人们审美，更适合大众口感的新派豫菜。

对于豫菜的传承与创新，我们也只是刚刚起步，怀揣伟大梦想忐忑上路，虽然前方或许多艰，但对这朝着阳光方向的生长，我们努力的鼓与呼。

但传承不是传承的理由，创新也非创新的终点。我们对于这时代变革的每一次喜和忧，最终都只有沉潜于人的层面才有价值。只有顾客们可以欣然理解，社会上可以安然接受，我们的努力才可以释然舒展，这是一个曾经辉煌的菜系要重焕青春的步伐和必然诉求。

所以10年来，当我们在每个阿五美食的员工心中，种下豫菜复兴的种子时；当我们用菜品和服务向所有来阿五美食就餐的顾客，展示我们的豫菜品牌时；当我们在媒体和各种交流活动中，努力的传播豫菜复兴观念时；当我们汇集优秀豫菜企业一起抱团打天下，走出国门一次又一次用豫菜的博大精深让世界为之惊叹时……我们其实在讲述着一个千年的传奇，也诉说着一个新时代的故事，那是我们的梦想！

我们将自己的梦想说给每一个河南人听、每一个中国人听，也说给世界听；豫菜不是新时代才出现的地方菜系，而是原本就辉煌过甚至影响过全国的菜系。历史不容我们遗忘，但我们更应该实事求是的看到如今的差距，奋起直追，还豫菜本来的地位。

阿五美食用自己的行动来架一座桥，不空谈，不麻木，不偏激，不保守，让所有和我们有着同样梦想的人参与进来，让我们明白自己的方向，积极地行动起来。

在10周年的生日之际，我们祝福自己的梦想，它萌发自10年前那个早春，从此便如春藤一般爬满了我们的眉宇心间。

然则这梦想其实来得更深远，甚至早在1000多年前，豫菜就已经在北宋成为“官菜”；当然，商代的伊尹，更早的将豫菜形成理论，登入大雅之堂；或者我们把时间拉近，及至上世纪30年代，以鲁迅、梁实秋为代表的名人们，平日宴请最爱的都是豫菜；新中国成立后，钓鱼台国宾馆的侯瑞轩大师，更是用豫菜创新了我们的国宴，服务了众多的国家元首与领导人。

豫菜其貌其言，历史写就，痕迹清晰可见。

阿五所梦所想，何止10年，其实千年一脉。

几千年的兴盛，突然在几十年中被人遗忘，即便如今提及豫菜代表，也似乎多是乡鄙小吃，豫菜究竟怎么了？

我们知道，每向梦想逼近一步，都要有巨大的付出。今日，餐饮企业在中国经济中显现出独特的魅力，互联网思维也在将这个古老的行业推往最前沿的阵地，我们几乎每一天都能感知这变革中每一步前进的喜悦。我们愿意相信，这个时代能够成为中国最好的时代，因为他给我们未来以最新的期许。也正是在这个时代，我们从单一的个体站了出来，继而凭借自己微薄的力量，互动更多有识之士，不仅用思想拷问豫菜究竟怎么了，还在用行动探索豫菜究竟该怎么办。

正如10年前我们庆幸选择了这样一条道路一样，现在，我们庆幸赶上了好的时代，整个社会的发展，兼顾快速与平衡；生活水平的提升，兼顾健康与美味。今日的餐饮业充满着独特的张力与节奏，它给了我们一个豫菜复兴的机遇。10年的发展，我们做到了让人们重新开始认识豫菜，让豫菜站了起来。相信，到下一个10年，再下一个10年……总有梦想实现的那天！

10年的历程当被铭记，10年后的历程继续在书写。今天，这10年值得纪念的时刻，我们回看10年，回看千年，看到那些在发扬豫菜的道路中，不同时间留下的眼泪和微笑；我们前瞻10年，前瞻百年，看到时间如光，串起这晶莹剔透的泪滴，折射出一如灿烂微笑的七彩虹谱，照亮豫菜复兴的前路和梦想！

樊胜武

2014年1月于郑州

为啥要写这本书？

这个问题我也想了很久。

首先我是个河南人，然后我从事写文字这个行业，再然后我又是个吃货，美食家姑且称不上，但老饕还是够资格的。这些年走南闯北，也算吃遍了大半个中国，但吃来吃去，总感觉"不对味儿"，也不是不好吃，就是感觉少了那么点什么。直到结束穷游回到河南老家，来上一海碗烩面，就着糖蒜和羊肉串儿，那痛快劲儿妙不可言！

我有位南方的朋友，对河南人吃面很是不解，一团面疙瘩，咋能吃的下去？呵呵，我说他"没口福"。在我那朋友印象里，河南地方穷，河南人就是整天吃烩面馒头。

豫菜？那是啥，不知道！

经过春节期间央视说"豫菜是中国菜的母菜"引起口水战的事件，我再说"豫菜是中国菜的母菜"估计要被人拍砖了，在我看来，豫菜的确不是中国菜他妈，而是他姥姥！

虽说豫菜位尊，但近些年称得上品牌的豫菜馆确实凤毛麟角，自民国厚德福后，豫菜好像是睡着的狮子，偶尔吼两声，却又沉寂了。豫菜之所以没像川菜、粤菜那样火遍全国，不能怪食客嘴刁，的确是没有一家具有代表性的豫菜知名品牌啊。

前些年，南方朋友来郑，想尝尝我口中心中天天念叨的河南菜到底是何面目，我欣喜之余，却又担忧，去哪吃？吃啥？以前在人前吹得那么大，真到点儿上了，自己掉链子。

说了这么多，还是没有说出我为什么要写这本书。

前些年有本《海底捞你学不会》卖得很火，引起全国各地餐饮企业纷纷效仿，能否复制成功暂且不说，但就里面的案例就够人学一阵子了。我就想着哪一天河南也有一家企业能让全国同行争相学习。

2014年，正值河南省餐饮与饭店行业协会成立30年，我们策划写一本关于河南餐饮企业的书籍，来展示河南餐饮企业这些年的发展。可是，问题来了。写谁？谁最具有代表性？他有东西可写么？会不会写到最后成了一本吹捧自己的广告书？

于是乎，我在周围朋友圈里做了个调查"你认为最有代表性的豫菜餐饮品牌是谁"，最后，选得最多的是阿五美食。

我联系了阿五品牌创始人樊胜武先生，刚开始他很犹豫，毕竟这些年阿五美食在国际上打出了知名度，会不会这本书出来后有"捧脚"嫌疑，坏了品牌口碑。过了几天，樊先生打来电话，斩钉截铁地说"同意！你写吧！顺便宣传一下河南的饮食文化，让大家知道豫菜不土，河南不土！"

话接上题。如今，再有朋友来郑，我会直接带去"阿五美食"，也不是给他们打广告，而是在河南人眼中，阿五美食就是豫菜，豫菜就是阿五美食。

在本书编撰期间，得到了樊胜武先生的大力支持，他授权我可以随时随地采访阿五的任何一位员工，包括他自己。在将近半年的时间里，我经常泡在阿五，总部、店里、仓库、员工宿舍甚至员工家里，就是想看看阿五美食究竟是如何一步步发展起来，并最终扬名国际的。

2014年，正好也是阿五品牌创立10周年，我建议把这本书当做是对阿五美食10年的一个总结。樊先生听后，很是赞同，并决定把阿五美食经典菜品的《标准菜谱》公之于众！

我听后很是震惊。

很多人都知道，阿五美食是靠菜品起家的，"把看家本领给公布了，就不怕别人学了去？"我问。

樊胜武笑了，"没关系，菜谱怎么详细怎么公布，学是好事啊，学的人多了，开豫菜馆的人就多，豫菜复兴需要更多的人参与进来。至于其他的，有些东西，别人永远学不会。”

本书用一个个故事的形式来向读者呈现，最细节的地方才是最能体现企业文化的地方。正因如此，本书定名《一五一食》，这个“食”可不是错别字，既是“一五一十”地讲故事，也是“阿五10年”的总结，更是“阿五美食”菜谱的首次解密。

最后，对在本书编撰过程中给予帮助的所有人表示感谢！

【第一章】

小饭店，大梦想

谁也没想到，樊胜武把阿五美食的第一家店扎根在郑州建业路时，他内心正酝酿出一个更大的愿望。

时隔多年后，樊胜武与建业地产股份有限公司董事局主席胡葆森先生已经成为好朋友，樊胜武说，他在创造阿五美食的时候，内心已经抱着要向建业学习的想法。

影响他的是建业那句广告语：让河南人都住上好房子。

樊胜武说，朴素而亲切的句子里，却是最美好的愿景。

虽然行业不同，他也希望有一天，能像建业让河南人都住上好房子一样，阿五，要让豫菜站起来！

吃饱了瞎折腾！

了解阿五美食的人都知道，樊胜武出了名的“爱折腾”。

2004年，为了实现开一家属于自己的豫菜馆的梦想，34岁的樊胜武放弃了河南国际饭店行政总厨的职位，四处借钱筹集了18万元，在建业路开了一家经营新派豫菜、精品家常菜的小店——阿五美食。

很多人不理解。

家人说“都三十多岁了，而且年薪已经六位数了，还折腾啥？”

朋友说“厨师不好好做菜，干管理能行吗？”

同行说“豫菜不流行，开豫菜馆必定得关门！”

总之，说什么的都有。既然得不到周围人的认同，干脆随他们去吧！

为什么要开豫菜馆？

2003年的一天，五星级的河南国际饭店接待了一批来自法国的客人。年轻的行政总厨樊胜武和几个河南厨师在厨房里忙碌了许久，一道道精致的菜品让客人们吃得很满意，遂要求见见厨师。

樊胜武作为行政总厨自然去了，但是本该接受客人感谢的两名河南厨师临时被领导换成了北京和广东厨师，这让他心里作痛。他知道，在很多人眼里，河南厨师太土，而河南菜就是烩面和胡辣汤，上不得台面。

那一刻，樊胜武做出了一个改变自己一生的决定，那就是要开属于自己的豫菜馆，并大张旗鼓地向世界宣传豫菜。

为什么要在建业路？

之所以选择这里，排除种种选址成本的因素，最终拍板的是樊胜武的直觉。

关于直觉，似乎是种不靠谱的东西，但在商业版图的建立上，直觉，其实代表着企业家对市场形式的一种敏感的判断，或者说，是一种创新思维的体现。

樊胜武觉得，建业城市花园是当时河南有名的高档住宅小区，而附近并没有一家有特色有品质的中式餐饮，在这里做一家有品位的小饭店，不会没有人来吃饭。你可以说这是一种最朴素的地段分析，差异化定位切入；也可以说是一种对于自己品质的信心。

为什么叫“阿五美食”？

其实阿五美食一开始叫“阿武美食”，但“武”字给人的感觉太硬，作为一家家常亲民的饭店总感觉不那么亲切。遂改为“阿五美食”。

阿五美食的确与“五”有缘，其品牌创始人樊胜武先生名字中有“武”，且他在家排行老“五”，巧的是“5”正好是他的幸运数字。“阿五”两字也有吃饭

阿五美食第一家店——郑州建业路店

的意思，因为大口吃饭时会发出“啊呜啊呜”的声音。

樊胜武对“五”情有独钟。2007年购买公司新办公室的时候，他去选房就定在了15层；在阿五美食，公司车牌号也都是带有“5”；各店的订餐电话也基本上都含有数字5。

往深了说，“五”在哲学上有很特别的意义，“五味（酸甜苦辣咸）、五行（金木水火土）、五常（仁义礼智信）、五方（东西南北中）”等都是以“五”为界。在阿拉伯数字中，5是最具有包容的数字，不前不后，正取中间。而这与豫菜的特点相吻合，河南地处中原，豫菜不甜不咸、不苦不辣，五味调和，质味适中。

另一重含义，樊胜武定名如此平实，是希望阿五美食能踏实、接地气儿，做大众喜欢、吃得起的美食。而选在“3.15”全国消费者日开业，就是告诉自己和团队：菜品即人品，做餐饮要为消费者考虑。

说到底，这“阿五美食”是开起来了，在平均寿命只有两三年的餐饮行业，究竟能不能成活呢？

五星级小饭店

我专程去了阿五美食第一家店，现在已经重新装修，很遗憾没有亲眼看到樊胜武当年创业时那个样子。

我没有直接进去，而是跟附近的商户聊起来，他们告诉我，"阿五美食生意真好啊，每天饭点时都没有座位，门口的车都停不下，很多人把车停得远远的，然后再走过来！"至于为啥如此火爆，一位商户大姐想了半天，笑着说"好吃呗！"

别人做菜是清水加味精，或者靠辣椒和油刺激顾客味蕾，阿五美食做的菜则用高汤调味，汤盛起来再扬出去，落下来像丝绸一样滑爽。

别人的调料是袋装或合成的调料，阿五美食的油盐酱醋原料等全部按五星级饭店标准采购。靠着这样货真价实的经营态度，阿五美食生意很快就火爆起来。

一个20多张桌子的小店，平均每天接待的客人在120桌，最高时达190桌。在不经意间，阿五美食创造了新派豫菜的发展奇迹，被媒体称为"五星级的小饭店""餐饮业的蓝色冲击波"。如今，阿五美食短短十年已是拥有数十家连锁店的中国餐饮百强企业，并将豫菜馆第一次开到了国门之外。

创业初期，身为老板的樊胜武亲自在店里炒菜、传菜，他给我讲了两个小案例。

一次是樊胜武去西郊办事，恰遇天降大雨，路面积水已没过车轮，好不容易赶回饭店已经晚上六点多了。本以为下这么大的雨，店里的生意肯定不好，但没有想到的是推开门时发现屋子里面坐满了顾客，他们都在等着樊胜武回来做菜。

另一个细节则是，一年夏天，晚上正在营业时突然停电，即使这样，执著的客人也不肯离开。于是厨房里厨师们捂着湿毛巾，点着蜡烛汗流浃背地炒菜。餐厅里客人们摇着扇子，满头大汗地品尝着"烛光晚餐"。"有时真的想不通是什么让顾客如此执著。"樊胜武说。

阿五美食建业路店店总经理姚俊杰，是一名从服务员成长起来的管理人员，他说“建业路店是个社区店，很多附近小区里的人都来吃饭，时间久了，服务员对他们的口味喜好了如指掌，大家在店里吃饭，边吃边聊，跟一家人一样”。

我和助手在采访期间，正值中午，刚好看到一个小学生模样的男孩独自在店里吃饭，点了一份阿五炒饭，问了服务员，才知道这位同学是在后面的建业花园小区里住，父母工作忙，没有时间为他做午饭，就专门在店里办了储值卡。每天中午，他放学后就直接来店里，而且每次都是点一份阿五炒饭。

我上前询问，那个男孩很惊讶，他没想到店里的服务员都认识他，而让我惊讶的是，他居然从三年级吃到了五年级，比在自己家吃饭的次数还多！

建业路店一个领班告诉我说，“建业路店火爆的时候，需要排号，有时候要等上一个多小时！”我笑了“现在饭店排号吃饭不算啥新鲜事。”他接着说“是啊，你可能见过倒火车票、倒专家号，但是我见过倒阿五美食等位号的。”说到此，他脸上显得特别骄傲。

我觉得不可思议，吃个饭而已，用得着再买个等位号么？

领班见我不信，有些急了，拉着我说“真的，有些人提前来排队，然后把等位号卖给来得晚又比较着急的顾客！”我问他一个号多少钱，他说“十块！”当年店里的招牌菜阿五豆腐，每份8元。

关于那个小馆子的火爆传奇，已经被无数媒体演绎出了无数个版本，我也不再多说。

河南餐饮界突然出现了一个名为“阿五美食”的品牌，客人天天排队吃饭，一度成为餐饮行业的焦点。

置身餐饮的江湖，前有大师和前辈，中有资历颇深的本土老字号和外来品牌各据一方，后有各个新秀竞相涌出，阿五美食自我赋予的责任担当，能否代言新派豫菜？

讲究师承，讲究来处和去处的餐饮界，人人都愿以倡领者的身份示人，阿五的内功与外术，能否得到真正的认同？

证明和被证明不必只争一时，能回答这些问题的，只有时间。

一家店
带火一条街

建业路、英协路、天泽街……现在说起来，都是郑州知名餐饮比较集中的美食一条街。让餐饮在这些街道火起来，离不开阿五美食的带动。

阿五美食的第一家店是在郑州建业路。只有20张餐桌的建业路店很快出现等位、翻台以及节假日抢不到位子的情况。有人计算了一下，这样一家小店，平均每天接待120桌。在互联网营销的今天，也许会很快出现这样的状况，但在2004年，阿五美食建业路店，真的是一个奇迹。

这个奇迹还在延续，因为等位子的人太多，很多没有提前定位子而排队太久的人，眼看过了饭点儿太长时间，开始在附近找一些饭店先解决吃饭问题。原来这条路上饭店的客户群，基本上是附近几个小区的业主，自从阿五美食出现后，太多慕名而来的食客，让这条街的餐饮旺了起来。从最初连一个路灯都没有，到如今的车水马龙，其他商家从中看到了商机，也在这附近开店。

不到1000米的建业路，最

2012年阿五美食郑州建业路店重装开业

高峰时，同时有十几家各类餐饮店，可谓一家店带火一条街！

同一时间，豫菜被人们提起的多了。很多大饭店也不再遮遮掩掩的说豫菜，原来不知道豫菜是什么的，尝过阿五美食的菜品后，赞不绝口地说，豫菜原来这么好吃。

杨丽，阿五美食2004年开业第一天就加入这个团队，从一名收银员、建业店总经理到如今公司人力资源部经理。她说“刚开业的时候真的很辛苦，前厅后厨员工一共不到10个人，樊总亲自下厨房炒菜，厨房在二层的阁楼里，炒菜的时候腰都直不起来，而且非常热，每天都是汗流浃背！但是看到能得到顾客的认可，觉得再辛苦都值得。”

樊胜武却很满足，虽然腰都直不起来的厨房比不上五星级大酒店的现代化厨房，但在这里，他正在做的这件有关他梦想的事儿，在不久的未来，让他的腰板挺得很直。

阿五美食把第二家直营店开在郑州英协路。

很多人大呼看不懂，说“离建业路那么近，走路只用十分钟，开店怎么可以这样选择？”建业、英协，是当初郑州的两大高档小区，两个小区离得不远，两条分别以小区命名的路，自然也很近。对此，樊胜武说，当时觉得建业路店面太小，客人太多，就想在附近再找一家让顾客能走得不远就能吃上阿五。

建业路阿五美食只要到饭点永远的排队，和一次次因为没有台位只好对上门的客人说抱歉的经历，让樊胜武觉得，这会降低客人对此的满意度。要让更多的客人更方便快捷的吃上阿五美食的菜，而且，能走得不远就吃上，时间也不会太长。

这次的新店，在某种意义上可以看做是阿五以客为尊服务理念的一次实践。后来，有人跟樊胜武说，第二家店开在英协路店是非常好的选择。第一家店给出的感觉还是特色美食，人们对特色美食往往会认老店，贸然选择新的区域去开，老店的效应很难一下子渗入过去。

但对于想把豫菜在这几十年来形成的低端形象改变的樊胜武来说，英协路店的意义还在于进一步对豫菜品牌的提升。相比建业路店，英协路店的规模一下子上升到1000多平方米，而且，它从装修上更讲究中原文化的贯穿，同时，樊胜武把五的文化，在英协路店的每一个包间的起名上，再次深化。

对VI形象的升级，品牌文化的深入挖掘，传播方向细分，主动服务意识培养，菜品的调整与固定，个人继续参与比赛和活动的获奖与肯定，媒体与客户意见的迅速回馈，英协路店以种种软硬件的细节变化，大跨步的实现着樊胜武对豫菜形象的提升工程。

在阿五美食打造英协路店之前，英协路往金水路这一段，是不通的。新通的道路，新的门面出租，新的位置，没有一家餐饮入驻，阿五美食第一个选择这里。随着建业路人流的分流，再加上升级后的阿五美食，品质环境比老店更好，英协路又开始了持续火爆和排队等位的情形，于是，再一轮的周边商机被点燃。

英协路沿线从北到南，十余家知名餐饮开始入驻，在如今，这条路也已经成为郑州知名的美食一条街。

2014年，英协路店重装开业，新的VI系统的应用让老店焕发新颜。

阿五美食天泽街店在郑东新区。

天泽街那会儿还叫顺驰第一大街，因为顺驰地产做了东区第一个开盘

2014年，阿五美食郑州英协路店重装开业

的住宅。天泽街就是顺驰楼盘中间的街道。顺驰在当时的地产界，正是黑马一匹，势头正劲。挨着顺驰楼盘的，是绿地老街。无论顺驰还是绿地，都以品质楼盘的概念，在郑东新区驻扎。

这样的地理位置，有点像当年的建业和英协，因为也是考虑到英协火爆，每天还是排队，只能在附近再开一家店，从建业店、英协路店开车到天泽街店不到10分钟。樊胜武只去那里看了一次，回来就拍板了。阿五美食天泽街店，仅仅在英协路店开业半年之后，就在东区开张了，这是郑东新区入驻的第一家餐饮品牌。

阿五美食郑州天泽街店

让樊胜武拍板的是郑东新区好位置的稀缺，他挑选的那一户门面，是一个独立的小楼，顶层是八角穹顶的玻璃天窗。如此的挑高空间，在樊胜武的心中，这里可以打造出他心目中的中原第一宴！

经过建业路、英协路的历程，阿五美食这次在天泽街店的打造，是又一次全新的升级。

天泽街店刚装修的时候周围还很荒凉，没有人气。当时冬天下雪，地上积了一些雪，一天过去了，居然连个车印都没有，很多人都劝樊胜武趁着投入不太大，先放弃吧。周边一些小店的商户也觉得这事儿“悬”！

樊胜武这次依然凭着直觉坚持做下去。

开业前一天，天泽街店周围还是冷冷清清。

开业当天，门口突然不知从哪里来了几十辆车，顾客蜂拥而至。著名表演艺术家、国家一级演员范军成为阿五美食天泽街店的第一桌客人。周边的商贩们也过来看热闹，还以为是店里请来祝贺的朋友。

一天、两天、一周连续都是这样，大家才相信，阿五美食真的是生意好啊。至此，很多疑问才逐渐消失。

东区是未来郑州的发展方向，樊胜武也希望阿五美食可以早一点入驻东区，但与很多企业将自己的旗舰店或者高端品牌引入东区，为的是配合整个区位的标杆意义不同的是，面对高端的诱惑，阿五美食却坚守了自己的发展原则，做大众美食，品质升级，价格不升级。

这样的坚持让阿五美食赢得了更多的市场，天泽街店又开始了前两个店的火爆程度。随着郑东新区持续升温和人流的不断加大，天泽街也开始慢慢成为美食一条街，但这条街上，很多家餐饮企业城头变幻大王旗，唯有阿五美食，从2007年到现在，一直保持着良好的运营，成为郑东新区当之无愧的美食金字招牌！

这种凭直觉、一心为顾客着想的开店模式，一位知名经济学家对樊胜武说这是开店的“圆心定律”。

2010年，阿五美食陇海西路店开门纳客，这是阿五美食第一次把店开到了郑州西区。

阿五美食郑州陇海西路店

郑州，是一座两边分化的城市。东有CBD，发展势头迅猛，而西区，是郑州的老城区，老牌国企扎堆。客观来说，东区的商业潜力完胜西区。

樊胜武把店开到西城区，还是当时阿五美食最大的一个店，上下三层，营业面积3000余平方米。

阿五美食陇海西路店周边多为住宅区，公司副总刘钢强说“记得当时装修的时候，附近都是一些没有交工的楼盘，没有人气儿，我心里都没有底儿。”

事实证明，樊胜武的确眼光独到。

如今，随着郑州的城市建设步伐，西城区逐渐繁华，各大品牌争相入驻，但阿五美食早已“先入为主”，赢得了顾客的“心和胃”。

2014年，阿五美食郑州万象城店也将

阿五美食郑州万象城店

开业迎客，这是阿五美食首次尝试以HOPSCA模式亮相城市综合体，华润置地北京大区招商总监李利峰说“合适的双方在合适的时间地点相遇，则比较容易情投意合。”

于是，阿五美食这个在河南市场上稳居前列的本土豫菜餐饮领导品牌，在众多本土餐饮的注目下，与万象城挽手并肩，踌躇满志而来。这一次究竟是不是再次带火一个城市综合体，让我们拭目以待。

饭店要生存，有顾客才是王道。

我让店总经理给我推荐一位经常在阿五美食吃饭的顾客，他毫不犹豫的跟我说“荆老爷子”。我问他大名叫什么，他说他也不知道，只是店里的人都叫他“荆老爷子”。据说荆老爷子夫妇一星期七天里有五天都在这里吃饭，从建业路店开始，在阿五吃了十年！

我不信。

在厨乡美食见到了“传说中的”荆老爷子。他和老伴儿坐在靠窗的位置，点了一份炝炒西葫芦、香菇鸡块和手撕饼。

聊天中，荆老爷子说“从2004年建业路第一家店开始，我和老伴儿就一直是阿五的忠实粉丝。人老了，平时也不做饭，幸亏有阿五、有厨乡，要不然我真不知道该去哪里吃饭，我直接把这里当成我家的厨房，把这里的小姑娘小伙子当成自己的孙子孙女，刚才还跟老伴儿说：在阿五吃饭这些年，我们的司机都调走好几个了。为啥这么喜欢阿五，归结原因有以下几点。”说到这里，老爷子特意正了正身体。

“一、菜品好。我活了80多岁了，去过的饭店不算多，也绝对不算少。但阿五的菜最合我心意，为啥？因为阿五用料实在！在其他饭店，都是靠辣椒、味精来提味，刺激味觉。但是在阿五，全部都是自己熬的高汤。一道菜，你看着不辣、不甜、不酸，说不上哪里特别，但吃起来它就是好吃！我觉得这就是阿五厉害的地方。”

“二、环境好。这里干净、卫生，在这吃饭我放心。现在升级后的厨乡美食，装修很时尚，尤其是这一次新换的桌子和凳子，又好看又舒服，而且每次服务员都会给我老伴儿加一个靠垫，让我有一种回家的感觉。再说厨乡美食的菜，很多都是现做，我能看到这道菜的每一道程序，吃起来更加放心。”

“三、服务好。阿五的员工服务特别的用心，特别热情，每次我来，他们一口一个爷爷、奶奶，听得老头儿我心里高兴！咱门口的泊车员小白，我老伴儿身体不太好，不论啥时候，他一看到我的车来了，就马上跑过来把车门打开，搀着我老伴儿一直到位置上。还有店里的老服务员，都认识我，他们都知道我不吃辣，每次不用我说，他们肯定不会

忠实顾客
荆老爷子夫妇

给我推荐带辣味的菜。”

采访结束后，我特别感慨，是什么样的力量让老爷子十年如一日的支持阿五美食，我想，是因为阿五人把他们当成亲人吧。

小饭店大梦想

没有哪家企业的发展是一帆风顺的，阿五美食亦是如此。

刚开业那几年，也有过很多坎坷。员工流失率高、房租不断增长、原材料价格飞涨等各种问题接踵而来。国宝级烹饪大师侯瑞轩长子、钓鱼台国宾馆副总厨师长侯仲华回忆说“那是阿五最困难的时候，曾有人欲以八位数的价格购买阿五美食的品牌，要搁别人早就卖掉了！但胜武没有，他说豫菜是他追求一生的事业，遇到任何困难也绝对不会放弃。他对烹饪的执著，对豫菜的感情让我非常感动。”

“胸怀有多大，天地就有多大，如果仅看到锅灶那么大的视野，他也只能算是个普通的匠人。”——这是樊胜武在一次获奖致辞中的感言。阿五美食的雄心绝不是在挣钱上，而是“复兴豫菜”。“复兴”是一个大命题，听起来有些空，如何复兴，阿五美食把他具化为一件件事，将在后文中详细介绍。

阿五美食创立五周年之时，提出了“让豫菜站起来”的口号，为何叫“站”起来，这中间还有一段典故。

大家都知道，阿五美食对菜品的要求精益求精，从选料、制作到装盘、上桌，都是严格的标准。有一次，樊胜武正在店里和相关人员商讨如何做五周年店庆的活动，这时服务员端来一份果盘，果盘里的西瓜一片一片趴在盘子里，毫无生气，他当场就“火”了！

原来，在阿五美食，果盘中的西瓜应该是立起来的，这样既美观又卫生，樊胜武说“阿五美食卖的是豫菜，豫菜沉寂了那么久，不能再一直‘趴’着，必须要‘站’起来，西瓜也要‘站’起来！”

于是，那一年“阿五，让豫菜站起来！”的口号响彻全国，让同行们为之一震！为此，樊胜武还专门创作了一首歌曲《站起来》。

《站起来》

站起来，我的心系着豫菜，复兴才有了期待。
起点写着她的未来 Hey ya..Hey ya..终点没有成与败。
站起来，我的爱拥抱豫菜，超越不只是现在。
曾经的辉煌依然在 Hey ya..Hey ya..泪水是骄傲感慨 Hey ya..。
多少~~~风雨的等待，穿越时空历史告诉她的存在。
都为豫菜喝彩，我和你的崇拜，希望看见豫菜奇迹般色彩。
多少~~~梦想的主宰，勇敢和我一起全心复兴豫菜。
彼此距离不在，传统和新派豫菜，站起来终点没了起点也会在。
……

谁也没想到，樊胜武把阿五美食的第一家小店扎根在建业路时，他内心正酝酿出一个更大的愿望。

樊胜武与胡葆森先生合影

时隔多年后，樊胜武与建业地产股份有限公司董事局主席胡葆森先生已经成为好朋友，樊胜武说，他在创造阿五美食的时候，内心已经抱着要向建业学习的想法。

影响他的是建业那句广告语：让河南人都住上好房子。

樊胜武说，朴素而亲切的句子里，却是最美好的愿景。

虽然行业不同，他也希望有一天，能像建业让河南人都住上好房子一样，阿五，要让豫菜站起来！

【第二章】

面子

中国人最注重什么？面子！

一个企业的门面做小了，代表了公司，做大了，就代表了一个行业。

从企业文化到VI系统、办公室、房车、自媒体，阿五美食，不敢说是代表了整个河南餐饮形象，但总归能为河南餐饮争点脸面吧！

企业文化

阿五的企业文化，也像大多数企业一样，列出了一条条的愿景、理念、价值观、宗旨、目标……但和很多企业明显讲究的遣词造句不同的是，阿五的这些显得更直接实在。樊胜武说“这些话，都是他自己一点点组织起来的。”

不华丽，但够鲜活。

企业价值观：

言出必行，思利及人；与人为善，吃亏是福。

价值观决定了行动标准和原则。这是企业稳步向前的必须。在做建业路的第一家店时，樊胜武深刻明白，小店，初创，怎么让合作伙伴信任？怎么给顾客印象？唯有说到做到，比如供货商的结账问题，直到现在，他从来不拖欠一天。同时，就像李嘉诚在做生意时说，假如拿10%的股份是公正的，拿11%也可以，但是如果只拿9%的股份，就会财源滚滚来。日本的经营之神稻盛和夫曾经有一个著名的观点，叫做利他心，做企业首先要有利他心。对此，樊胜武说，我比较幸运，我凭内心出发做的很多事情，后来通过学习，发现都符合一些正向的管理经营理论。

企业宗旨：

不为一日好，只为百日红。

这和樊胜武的梦想有关，对于他而言，复兴豫菜才是创建阿五美食的初衷，在这一条复兴的道路上行走，每一步脚印都必须稳健。从餐饮现象到商业模式，从品牌影响到文化输出，樊胜武从一开始就抱着把阿五美食打造成百年老店的心态在做事。

企业精神：

诚信务实，永远学习。

诚信务实是做人的原则，放到做企业上，更应牢记，尤其是生意场上，务虚的太多，口号喊得响亮，但没有实际行动，樊胜武说要复兴豫菜，就选择务实的做起来，不积跬步无以至千里，人家说，好的开始，就是成功的一半了。樊胜武本身就是一个爱学习的人，从当学徒时努力学习专业技术，到当厨师时学习各地菜品，学习管理、学习做电视节目去推广豫菜、学习摄影拍自己的菜品、学习编撰企业宣传手册……和同行交流也是学习，最早的行政总厨联谊会，参加各项活动，你看到的阿五企业的领导者就是永远学习的姿态。这家企业和员工，也是在不断的学习中，成长起来。

企业目标：

创造价值，回馈社会；造就优秀厨师，发展健康食品。

阿五美食培养了大批优秀的厨师，截至目前已有30余位厨师获得中国烹饪大师、中华金厨奖以及高级技师等称号，这些厨师，无论是在阿五美食的直营店，还是在外地的加盟店，樊胜武看重的是，这些厨师在把阿五的健康、美味、营养的概念传播出去的同时，又会成为传播豫菜的主力军。企业的特点是取之社会，还之社会的，吸纳资源，要为社会重新创造新的价值。这一点，樊胜武在还只经营着一家小店的时候，已经开始以一家企业老板的心态在要求着自己。

企业使命：

让豫菜站起来，走向世界。

使命，就是复兴豫菜。所以，在阿五美食五周年的时候，提出“阿五，让豫菜站起来”的口号，一系列的活动和品牌本身具有的影响力，让人们对站起来的豫菜开始有了接触和了解。又经过五年的品牌积累，豫菜实现了从中原走向中国，并走出了国门和许多国家地区进行交流，并成功地在澳大利亚开了第一家国外的连锁店。2014年，阿五美食成功落户美国和法国，真正的让豫菜走向了世界。而今，阿五更是提出了让世界品味中原的口号，进一步走出去，带着企业的使命，让豫菜复兴之路走得更快。

经营理念：

货真价实，买卖凭良心；童叟无欺，做的是人品。

只要明白中国文化的语境，都会懂得这两句话的意义。

郑州古称商都，正是因为商人在此建都，自古至今，从街边维持营生的小商贩到富可敌国的大商人，都明白生意的经营，最终层面还是良心与人品的经营。樊胜武说，阿五的经营理念没有那么复杂，就是最基本的人与人之间的信任。

服务理念：

用心服务，以客为尊。

餐饮行业属于典型的服务行业，尤其是在顾客从购买产品到购买服务的消费意识转变后，产品的售卖出去只是服务刚刚开始，所以，更要重视顾客的体验。从服务话术的标准化操作，到情感投入的用心服务，忘记冷冰冰的规则，只要记得，一切的出发点为了顾客。

合作理念：

一起干事创业，共同享受生活。

这基本上是一些加盟商和樊胜武之间的常态。

他们在推广豫菜上，不遗余力，一起抱团打天下，一起努力奋斗，为了豫菜的复兴。

但同时，他们也是在一起健身、学习，一起出去旅行的朋友。

工作的担当，生活的享受，樊胜武很满意这样的合作状态。

烹饪宝典：

以物寻性，以性求术；有香使其出，无味使其入；以味为核心，以养为目的。

作为一家主营豫菜的中餐企业，要做到的就是继承和发扬传统豫菜的技法和心得，同时根据食材的特点，时令的特点，想要达到的目的，灵活调配，率意发挥。豫菜不拘泥于一时一地，它是历经千年而超越时代的经典，正所谓“继承不泥古，创新不离宗。”

五大发展理念：

以人为本的消费理念；食品安全的健康理念；

提高品质的科学理念；以客为尊的服务理念；

饮食协调的平衡理念。

五大发展理念，归结起来，也不过简单的两条。

一个是人，一个是出品。

也是阿五坚持的人品和味道。

由己及人，为他人多想一步；安全保障的基础下，出品更需考虑健康。

能让员工满意、客户满意，能持续出品安全健康的产品，并形成自己的理念。

企业想不发展都难。

文而化之

文化，就是要文而化之。

在企业文化建设方面，阿五美食从来都是走在行业的前列。在大多企业都在卖力大喊建设企业文化的时候，阿五美食已经把“文化”化成日常工作中的每一件小事。

樊胜武说“说得天花乱坠也没有用，落到实处才是真正的企业文化。”

比如VI系统。VI通译为视觉识别系统，是一家企业视觉形象的规范表达，就像一个人的脸面一样，它给人传递出第一印象的好坏。

樊胜武认为，统一的视觉形象，在后期的传播中，可以让消费者产生符号感的联想，有助于品牌在消费者心目中形成记忆。

在2004年刚创办阿五美食的时候，樊胜武便请专业人员打造出一套完整的VI系统，从这件事，我们便可看出樊胜武的品牌意识。

商标释义：

阿五美食

——AWU DELICIOUS FOOD——

标志以汉字“味”变形为主型，其型又近似鼎状，从容而立。顺势觅风、联趣而成。巧妙的完成字体和图形的对接。在众多传统文治中，“味”是百烹之尊，顺势也可解为百烹之总，所以用“味”作为标志元素便显尤为贴切。

2007年,“阿五美食”商标获得国家工商总局颁发的商标证。

2010年,“阿五美食”商标获得河南省著名商标。

樊胜武是个很注重“应用”的人,他改编了唐代诗人刘禹锡的《陋室铭》,创作出一首别有韵味的《味道》诗,他也被朋友们戏称为“商界的文化人”,同时樊胜武还与张海林老师以及其他朋友先后创作了《中州赞》《中和会誌》等作品,成为企业文化很好的载体。

《味道》

店不在大,有客则名,菜不在多,有味则灵。
何须富贵,唯有雅兴。
门前有青竹,桌上百味精。
谈笑有雅客,布衣亦称心。
可以品山珍、谈食经,
无俗音之扰耳,品阿五之美味。
食客云:有幸食之,何求之有?

《中州赞》

中州也,河南也,绾毂南北,枢纽东西,乃中国之中原,中国之腹地,中国之中也。

一条大河横亘,养育着五千年文明华夏。三山三水铺陈,书就了十万卷天宝物华。仰韶彩陶，化成五谷之精，商鼎周甗，变幻阴阳五行。

夏启有钧台之享，中华第一宴标榜开国。商汤得伊尹相佐，负鼎抱俎说治世安邦。周代食制，兴洛阳汉唐一袭。魏徙大梁，铸汴京饮食风光。

集四海之珍奇皆归市易，汇环区之异味悉在庖厨，五味调和，质味适中，天下至美方在中州斗艳，东西南北故以中原为中。

五谷为养，五果为助，五菜为充，五畜为益，四五配膳，纳万物之精华以养生。辛而不烈，酸而不酷，咸而不重，苦而不猛，有味不过，是中国烹饪千古传世之经。

猴头、燕窝、鲍鱼、广肚、山珍海味，不论干鲜，发之、煨之、烧之、扒之、我有独技使之呈味，鸡鸭、鱼肉、青菜、豆腐、家常时蔬，慢说贵贱，炸之、烹之、炒之、熘之、自用奇方令而献美。

登龙门，观牡丹，游洛阳，吃水席真是不同。上龙亭，泛两湖，赏菊花，品包子大宋风情，云台山，少林寺，黄河游，回郑州是商都、商韵。河南之美，中州之味，厚重博深，当让您风情在目，美味留心，梦回千年，情系中原。

中州美食，继承创新，敢以小店待八方之客，愿献薄技展家常奇味。如能有一二佳蔬，三五芹意，得贵客、嘉宾之赏，是以慰发扬中国烹饪文化，弘大中州风味，繁荣豫菜之寸心。

《中和会誌》

中者，和也。以中为度，不偏不倚，得中而为和，得中而有四面八方，得中，方感五味四性。居中而中原为中国，守中而融和而通会。

前贤有言，治大国若烹小鲜，然，阿五人，只求以技报国，不敢不中、不能不中，所以，案俎之上，五谷五畜五果五蔬调配温热寒凉；鼎鼐之中，或酸或苦或辛或咸和会春夏秋冬，方有甘怡，使能和美，中中俱在，才得味道。

此乃追求，矢志不渝，作中和会誌，以表芳草寸心。

在员工管理方面，樊胜武也将文化深入浅出的融入其中，《员工誓词》、《阿五之歌》、《三项纪律八项注意》等就是最好的证明。关于员工誓词，我在阿五美食搜集资料时，正好赶上阿五美食一月一度的员工大会，其中有一项就是全体员工集体宣誓，我特别注意观察了每个人在宣誓时的表情，专注、虔诚。

员工誓词：

我自愿加入阿五团队，我为成为一名阿五员工感到光荣和自豪。我认同阿五价值观和发展目标，秉承“诚信、务实、永远学习”的阿五精神，忠诚敬业、勤奋学习、遵章守纪、保守机密、勇于创新、追求卓越。阿五是我的家园，阿五靠我振兴，我靠阿五发展，阿五利益与我个人息息相关，我决不做损害阿五利益的事。誓与阿五同舟共济，誓与阿五团队共担风雨、同享阳光，为把阿五做大做强，为阿五人的幸福，贡献出我的智慧和力量！

《阿五之歌》

咱阿五的人，有啥不一样，只因为我们肩负着复兴豫菜的重望。

咱阿五的人，有啥不一样，自从走进阿五家园，就要奋发图强。

说不一样，其实也一样，都是一样的工作，都要为店争光。

说不一样，其实也一样，一样的笑容迎接四面八方。

咱阿五的人，就是不一样，都是为了豫菜事业，奋战在工作岗位上

咱阿五的人，就是不一样，为了豫菜的复兴，我们拼搏在路上。

说不一样，其实也一样，都在努力的工作，都在赢得荣光。

说不一样，其实也一样，一样的风采在阿五的旗帜上飞扬。

咱阿五的人，有啥不一样只因为我们肩负着复兴豫菜的重望

咱阿五的人，就是不一样，为了豫菜的复兴，我们拼搏在路上。

咱阿五的人，就是这个样！

……

《三大纪律八项注意》

阿五美食人人要牢记，三大纪律八项要注意。

第一一切行动听指挥，步调一致才能得胜利。

第二微笑服务要热情，有求必应顾客是上帝。

第三言出必行讲诚信，人品菜品永远争第一。

三大纪律我们要做到，八项注意切莫忘记了。
第一说话态度要和气，请字谢谢时刻要说到。
第二行为举止要端庄，姿态标准优美要做到。
第三仪表着装要整洁，三不五勤天天检查好。
第四良好习惯要养成，不许聊天拖拉逞霸道。
第五勤俭节约要推行，反对浪费人人风尚高。
第六与人为善要团结，打架骂人切莫违反了。
第七服务顾客要周到，有问必答处处倾听好。
第八基本功底要扎实，员工守则条条要记牢。
遵守纪律人人要自觉，严格执行不差半分毫。
领导表率员工齐努力，阿五美食明天会更好。

2004年到2014年，是中国餐饮业突飞猛进的十年，也是樊胜武和他的阿五美食开疆拓土的十年，从一家店到三十余家店，从七八个人到3000多人，从郑州到北京、深圳、澳大利亚、美国、法国，阿五美食迅速在中国餐饮界树立了自己的地位，凸显了其独树一帜的风格，同时得到了社会各界的高度关注。各项荣誉纷至沓来，樊胜武用自己的行动赢得了同行的尊重和社会的认可。

阿五美食荣获中华餐饮名店

阿五美食三度荣获中国餐饮百强企业

阿五带出的潮流

阿五美食擅长以明星效应来塑造品牌。

去过阿五美食吃饭的人都知道，每家店都有一面或者几面照片墙，小小的饭店里，挂满了各界人士和阿五品牌创始人樊胜武的合影，不仅仅是一般人认为的娱乐演艺界的明星，还有行业内的大师，以及著名的美食家、政要名流等。

其实最初的想法很简单，一是用作装饰墙，二就是让顾客知道“我们的菜这些人吃过，你们可以放心食用。”

阿五·中和会郑州经五路店

可是，有些客人不相信。“这是真的假的？”“一个小店怎么会有那么多名人吃过你们的饭？”“是不是你们自己PS的啊！”甚至有人找到老板亲自验证！

河南酒店网总经理张峰说“第一次知道阿五美食，是看到了《大河报》上一篇报道，我和同事费了好大周折才找到地方，出乎意料的是，竟然需要领号排队！看到这场面，更是激起了一群吃货们的兴趣。饭店规模不是很大，墙上挂满了老板所获荣誉及与各路名人的合影。这种文化墙，好像也成了以后很多老板是大厨出身的饭店‘标配’，不知是不是当年阿五带出的潮流。”

总之，不管是来看热闹或者看门道，阿五美食的品牌已经开始让你有记忆了。

说到此，还有一个小细节需要提。

现在很多饭店的包间都有名称，地名、人名或根据饭店特色起的名字，我今天说的不是起包间名字的事，而是包间名字挂在哪的问题。

有人会问“包间名字肯定要挂在包间门上了啊！”说的也没错，如果是这样，就没什么好提的了。不卖关子了，在阿五美食，每一个包间的名称标牌都是两个，一个挂在外，一个挂在内。

故事是这样的。

有一天，樊胜武跟朋友在一个饭店吃饭，席间还有一位朋友未到，几个先来的便开始聊起来。过了一会，樊胜武的电话响了，是那位还未到的朋友。原来朋友已经到饭店门口，但是不知道是哪个包间，便给樊胜武打电话询问。樊胜武也不太记得这个包间的名称，只好再在从席间走到门外看了看，才告诉那位朋友。这时，席间另一个朋友随口说“太不方便了，还得再跑出去看！”

说者无心，听者有意。

这顿饭后，樊胜武立刻打电话回公司，要求阿五美食每一个包间的名称标牌必须做两个，一个挂在包间外，一个挂在包间内。这样客人足不出门就可以知道自己在哪个包间了。

服务，是从细节处体现的。这个案例看似微不足道，但非常实用。阿五美食公司总经理侯素梅说“一个服务员一餐时间可能要与几十个顾客打交道，但是一个顾客一顿饭只与一个服务员打交道。顾客其实要求的不多，一丁点的小感动就会让他们记很长时间。”

奢侈的办公室

在这里把办公室单列为一篇，是有寓意的。

2005年，阿五美食刚开始扩展加盟事业的时候，连一间办公室都没有，办公都是在店里。第一家加盟店的签约仪式也很简单，由于没有办公室，樊胜武临时借了一间房子，从家里拉来一张桌子、两个沙发，从此开启了阿五美食扩张的脚步。

这件事也让樊胜武很受刺激，他很快在建业路店对面的办公楼里买了两间房子，大概九十多平方米，小小的房间隔开，里面是樊胜武的会客办公所在，外面是企业办公所在。

阿五美食总部
原办公室

随着企业的发展，人员越来越多，办公室太小，不够用。

现任董事长助理刘斌说“当时我们十几个员工挤在一个办公室办公，电脑不够用，十几个人轮流打资料，有客人接待时没有地方坐，有时就站着。每次招聘人员面试的时候，人比较多，就只能到走廊上先工作一会，等面试结束后再进去。”这时，很多管理人员说在隔壁再租一间就行了，可樊胜武没有同意。

他看到的是未来。

2007年，樊胜武在郑州市金水路与中州大道交汇处的黄金地段斥巨资买了1000多平方米的写字楼，比开一个店的投资都要大。

这时又有人不理解了。

当时很多国内餐饮企业只注重经营店面的设计装修，却很少关注公司总部的建设，更谈不上办公环境的改善。而河南在全国同行眼中很土、不上档次，不客气地说，就是“不爱搭理你！”

樊胜武说“都说河南土，我就要做一个最好的餐饮企业办公总部，让别人看看河南餐饮企业的形象！同时也让阿五的员工在好的环境中办公，让他们有自豪感。”

2009年，阿五美食总部正式入驻郑州盛润国际广场。

阿五美食总部现办公室内景

该写字楼位于金水路与中州大道交汇处，是郑东新区与市区接壤的地方。可以说是桥头堡位置的一座国际化写字楼，阿五选择了15层作为办公区域。

在樊胜武的办公室里，一个窗户正对着一条河与郑州CBD中心，跳出来看东区，“大鸭蛋”（河南省歌剧院）、“大玉米”（千玺广场）尽收眼底，更有挥斥方遒的气势，他笑称，这里的风水绝佳。

这个面积为1000多平方米的办公空间，创造了许多餐饮行业里的记录。首先值得称道的就是，阿五总部的空间设计，曾经荣获全国办公设计类二等奖。不单单是餐饮行业，是所有行业的办公室设计评选里，阿五美食的办公室，获得了如此高的奖项。

到过阿五美食办公室的人，都会惊呼，这不像一个传统餐饮行业的办公室。它更现代化，利索的线条，简洁的色彩，明快的布置。但仔细沉淀下来看，它又包蕴着传统文化，比如中式元素的巧妙运用，方圆天地之中的文化寓意。

各功能区划分明晰，满足日常办公、展示、开会、谈项目、休息茶饮、文化长廊等多项功能。无论从设计、装修、饰品，家具等每一处细节都体现了中国传统文化的元素，而且融合了现代设计元素。在这里工作，每个员工都有一种自豪感和受尊重的感觉，从而提高工作效率和凝聚力。

再次，这样一间现代化的办公室，在全国的餐饮行业里，也可以排在前列。

更让人震撼的是，截止2013年，在阿五美食的总部，接待各类参观考察500余次。阿五美食的总部，既是行政管理高效办公所在，又起到了阿五美食对外交流以及文化输出的重要窗口作用。

门面

中国人最注重什么？面子！

人要面子，企业更加需要。阿五美食的企划部是公司总部人员最多的部门，可以成立一个专业的广告公司了，这在全国的餐饮企业不多见，他们承担着阿五美食宣传品设计制作和各项活动策划工作。

VI系统是一家企业视觉形象的规范表达，就像一个人的脸面一样，它给人传递出第一印象的好坏。统一的视觉形象，在后期的传播中，可以让消费者产生符号感的联想，有助于品牌在消费者心目中形成记忆。

此外，阿五美食2007年花了20万元拍摄企业宣传片，这笔支出在当时对樊胜武来说可是一笔不小的开支。当初决定拍摄时，一些同行认为他这是在“烧钱”，家人也劝他“没必要，拍了也没人看，净是扔钱！”

思前想后，樊胜武还是拍了。

后来，这段20分钟的宣传片被世界各地的观众累计观看上千万次，成为一部宣传豫菜文化的重要途径。

2014年，樊胜武又开始“烧钱”了！

这一次，他又决定投拍一部反映豫菜文化和阿五美食十年发展的宣传片，还请人写了一首歌，然后拍摄歌曲MV。拍摄期间，樊胜武亲自上阵，与导演一起对每一个画面、每一个动作、每一个特效一一把关。

如果说上一次的举动是对企业整体形象的宣传，那么这次可说不通了，整部片子里更加注重细节，看重食材供应、烹饪技法、饮食健康等细节。

樊胜武说“我们不想过多的宣传形象，而是从细节入手，让更多的人了解豫菜、认识阿五。”

本片在郑州多地取景，本片导演崔建国跟我诉苦说“拍摄时最怕樊胜武在身边了，每一个镜头都力求完美，最多的一次NG了二十多次！”

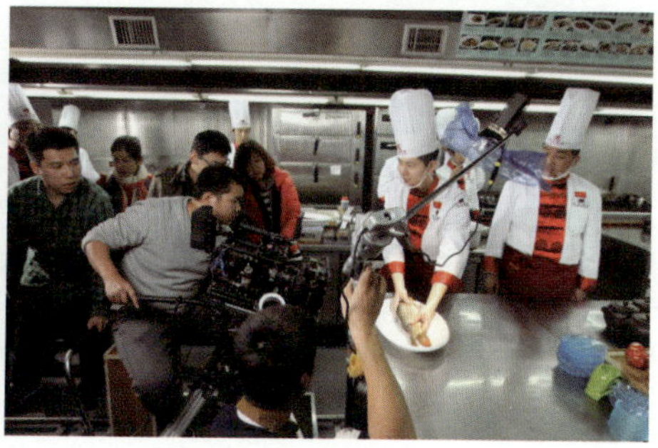

《让世界品味中原》形象片拍摄现场

还有一点，当初选择歌曲作者的时候，也让樊胜武头疼，请谁来写？写什么风格的？并在网络上以重金邀英雄。最后，经过层层把关，五首作品到了樊胜武这里。民族的、美声的、流行的、励志的，各种高端大气上档次啊，可是没有一首能让樊胜武一眼相中的。

樊胜武告诉我说“不想弄一些虚的，看着挺高端，但总是让人感觉云里雾里的，我们就想做一首接地气儿、直击心灵的歌曲，还得要传唱度高，大家喜欢才行！”

于是，有了这首《味道传奇》。

《味道传奇》

作词:樊胜武、农民兄弟乐队
作曲:农民兄弟乐队
演唱:农民兄弟乐队

这是母亲的味道
让我想起她双手的温暖
这是故乡的味道
让我看到家门口的袅袅炊烟
这是爱人的味道
是等我回家的那一脸期盼
这是中国的味道
有和谐包容的辉煌诗篇
……
我们就是传奇
阿五是我们的旗帜
我们堂堂正正做人
勤劳诚信做事
……
我们就是传奇
为中原创造奇迹
融八方味道相济
迎四海宾朋欢聚

这是青春的味道
总有梦想在这里扬帆
这是朋友的味道
是多年不见的儿时伙伴
这是离别的味道
让我们更期待相遇明天
这是成长的味道
里面有多少我们的似水流年
……
我们就是传奇
我们从不怕风雨
豪情一直都在心里
让豫菜自豪站起
……
我们就是传奇
前行路上坚定不移
让我们相偎相依
让世界品味中原的奇迹
我们就是传奇

本篇的最后,还得回到主题上,“门面”。

一个企业的门面做小了,代表了公司,做大了,就代表了一个行业。阿五美食,不敢说是代表了河南餐饮形象,但总归能为河南餐饮争点脸面吧!

百万礼品送顾客

阿五美食公司总经理侯素梅说“樊总是个爱‘乱花钱’的老板!”

的确,我在阿五美食总部看到了他们的文化展台,各种礼品琳琅满目,据介绍,这些都是送给顾客的。送一些小礼品,似乎是很多餐饮企业在做的一件事,小礼品有实用性,让消费者从餐厅就餐的感知延伸到自己的生活中。

普通消费者最为熟知的是大多数企业都在送的眼镜布,除此之外,阿五美食将礼品的范围扩展到商务办公,比如水笔、便签本、笔记本等;以及娱乐、旅行用品,比如旅行餐具、扑克牌等;还有日常生活中常用的雨伞、美甲套装、围裙、折扇等等。

阿五美食部分礼品

我随手打开送给顾客的雨伞,“红叶”牌的,我问候总“这一把伞少说也得好几十吧?”侯总笑了“差不多,既然要送,就得送好的,送一把质量不好的伞,顾客拿着回家,没用几次就坏了,对我们的印象自然好不到哪里去!”“阿五美食每年制作这些送给顾客的礼品就要花费上百万!”我调侃到“顾客吃一顿饭能花多少钱啊,就送一把这么贵的伞,看来还是餐饮挣钱啊,要是早几年,我也干饭店去了!”

为了看看这些礼品是否真的能起到作用,我和助手以顾客的身份来到阿五美食天泽街店考察。阿五美食每家店都有一个“幸运大转盘”,有活动时每一桌客人均可享受一次大抽奖,奖品就是上述的各种礼品。

吃完饭，我们也来参加，结果转到了一个“围裙”，我跟服务员说“我不想要围裙，能不能换把雨伞啊？家里正好缺一把！”那个女服务员说“这个不行，每个顾客抽到什么我们就送什么，如果我们私自跟您更换了，对其他顾客就不公平了！”

我刚要开口解释，那个小女孩接着说“不过，如果您家里真的缺一把雨伞，抽奖的礼品不能更换，但是我可以另外再送您一把！”

我心里暗自吃惊：一个服务员居然如此懂得沟通技巧，既不违反规定，也不拂了顾客的面子。重要的是懂得欲擒故纵，先说不能换，让顾客失望，再说可以免费送，让顾客从失望变成惊喜，这种效果比直接说“送”更让顾客感动。故事还没有结束。我和助手刚出门，发现居然下起了小雨，天公果然作美，呵呵。助手打开刚才送的那把伞去取车，我站在门口看着他，心里又是一惊：顾客撑着这雨伞走在路上，可不是给阿五美食提供了一块移动广告牌嘛！

将这些小礼品全方位的渗透入消费者的种种生活场景里，这对企业品牌的宣传起到莫大作用，最重要还是免费的。

自媒体

阿五美食是个很开放的现代餐饮企业，接受新事物的能力很强。如今网络横行的年代，自媒体也越来越得到重视。

创业之初，阿五美食的企业文化宣传便深受食客赞赏，印制精美的宣传册、开通网站、创办企业内刊等。在今后的发展中，阿五美食始终与企业价值观、企业目标、企业使命、企业精神等一脉相承，形成了自己特色的企业文化体系，为品牌的发展壮大打下基础。

2005年，阿五美食官方网站www.awums.com正式开通。截至目前，网站访问量突破600余万人次，成为餐饮业中知名网站。随着阿五美食集团微博和微信的相继开通，与五万多粉丝网上互动，成了阿五的又一特色。

阿五美食企划部负责网络营销的蔡鸿龙告诉我“阿五美食的每位会员都享受一份免费赠送的‘生日大礼包’，里面有礼物、寿桃、寿面等。2013年12月，微信上收到长垣一个网友的回复，内容是这个网友的女朋友很喜欢吃店里的寿桃，便相约和女朋友一起来长垣店为女孩过生日。结果女孩生日前夕两人闹别扭，女孩提出了分手。男孩为了挽回女孩的心，想在长垣店领取生日大礼包送给女朋友。”

“可是男孩到了之后，发现大礼包使用期限已经过了，而寿桃只有生日大礼包里面才有，是非卖品。男孩很沮丧，便在微信上给我们发了信息，希望我们能破例一次。接到这个信息，我们马上给长垣店做了汇报，长垣店也破例为他做了一份寿桃。”

我问“那后来呢？女朋友追回来了？”

蔡鸿龙说“不知道，这个网友在微信上回复了，他说寿桃已经给女朋友送去了，不论结果如何，他都非常感谢我们，那时候觉得自己这个成全别人的举动很伟大呢！”他大笑。

阿五对外宣传还有一项重头戏，内刊《阿五家园》。

《阿五家园》封面选登

2007年,《阿五家园》在阿五美食原建业路办公室诞生,只有薄薄四个版的报纸,却承载了众多阿五人的故事、喜悦、心声,成为顾客和员工每月最期待的事情之一。

2012年,经过编辑部多少个不眠夜的讨论、修改、重组,几经易稿,《阿五家园》终于华丽转身,从企业报纸升级成为行业杂志,内容涵盖资讯、加盟连锁、优质服务、厨艺绝技、菜品研发、工会生活等多个栏目。

2011年5月,由东方美食杂志社主办的第二届金牌店报评选活动揭晓,《阿五家园》荣登榜单,当选全国餐饮业"十大金牌店报"。与此同时,《阿五家园》主编侯素梅当选"十大新锐主编"。

2011年8月11日,由郑州市企业联合会、郑州市企业家协会、郑州市工业经济联合会联合举办的2011郑州市企业内刊资料评比活动榜单揭晓,《阿五家园》喜获"年度优秀内刊奖"、"年度最佳影像奖"两项大奖。

截止2014年3月,《阿五家园》累计出版58期,邮寄到全国30余个省市餐饮协会的负责人及媒体,在国内外大的餐饮活动现场都会看到《阿五家园》的身影,累计发行量600000余册,累计阅读量10000000余次……成为中餐烹饪文化宣传的一个窗口,在业界拥有较高的知名度和权威性。

2011年,阿五美食斥资300余万元请专人设计了一辆为厨师量身打造的多功能豪华房车,厨房、餐厅、卧室、会客区等一应俱全,樊胜武经常和同事或朋友开着它到全国各地开展美食文化交流,是国内第一辆也是唯一一辆"移动名厨俱乐部"。

2010年"感动阿五"十大人物之一的陈海英说"那一年,我们获奖的员工乘坐房车去青岛旅游,到了一个海边的海鲜大排档停下,我们下车在海边吃海鲜,这时附近海鲜饭馆里的人'呼啦'一下涌了上来,听说这是房车,非要参观参观,他们说还从来没有见过这么豪华的房车呢,看着他们羡慕的眼神,别提多骄傲了!"

房车在某种意义上看来,是企业的一块儿户外移动广告。企业拥有房车本身就已经是传播中很好的记忆点,阿五的房车沿途而行,品牌的知名度让普通消费者一目了然,看到的人都记住了这个河南餐饮新形象。

阿五美食房车及内景

除了“自给自足”，阿五美食也很注重媒体的力量。

它注重的不仅仅是传统媒体，如报纸、电视台、电台、杂志等，也不仅仅是媒体的单一广告宣传。

基本上，阿五所理解的媒体，已经属于泛媒体的概念，包含传统媒体，新媒体，或者再分成平面媒体、视频媒体、户外媒体、自媒体……在媒体传播方面，走的也是多频率多角度多方向立体交互，互动传播的路线。

这可不是一个简单的对事件报道的媒体叠加，这是对同一事件报道时，不同媒体不同角度阐述又互相关联的重新聚合。

这一点很厉害，在同行业的许多商家还只知道在传统媒体上打广告的时候，阿五不仅开办了自己的媒体平台，还让这些媒体平台，聚力出击，制造多维传播效应。

举一个例子，阿五参加美食节的活动，有生活视频、参赛视频；有花絮报道、记者随笔、大赛新闻、阿五与此次美食节的文化渊源解读；电视、报纸、微信、微博，企业内刊等等，全部跟上，分别在不同角度报道，但阿五跟各个媒体之间又互相有连接。最终呈现出来的，既有社会大众的告知，又有企业文化的体现，整体形象立体而丰满。

2013年群象岛岛民参观阿五美食

阿五美食的微信，也是宣传公司文化的重要途径。众多阿五美食会员和粉丝通过微信了解阿五美食的最新动态。“快、准、狠”是阿五美食的微信风格，“快人一步”新闻第一时间播报，“准确表达”内容字斟句酌行文准确，“说狠话”各种评论一针见血酣畅淋漓。

《经济视点报》社长兼总编辑、群象岛企业家俱乐部创始人路明先生说

“2013年12月3日，群象岛企业家俱乐部的会员互访走进阿五总部，再次颠覆了我对美食行业浅显的认识。晚上宴会期间，当天的行程还没有结束，手机上已经有了被N次转发的来自‘阿五美食’官方微信平台关于当天的报道。”

“身为媒体人，我内心对这个不经意的小举动颇感震惊，甚至让我感到情何以堪。我所想到的不只是这篇报道的速度和行文精确表达，而是这背后已经职业化的阿五人在每一个细节安排上的按部就班和系统管理，都十分用心。”

媒体本身就是在搭建平台，企业推广品牌，不能止步于内容的简单提供，还要考虑怎样给媒体的平台搭建一个更大的平台，让多种传播方式，成为企业与客户的体验互动的端口。

平台越大，品牌的传播空间就越大。

【第三章】

结盟

2005年，阿五美食开始连锁加盟的脚步。

在连锁经营上，阿五美食的核心就是出品和厨师，加盟店的形象要保持和总部统一，所有的厨师都必须是公司总部派过去的。通过厨师和菜品，阿五有效的保证了出品质量。

截止2014年3月，阿五美食已拥有直营店8家，加盟店31家，遍及河南、河北、山东、北京、深圳、澳大利亚、美国、法国，成为首家走出国门的豫菜餐饮企业。

加盟连锁

“对于加盟商来讲，要想成功，20%靠品牌，80%靠自己”，为此，阿五美食对加盟商的选择十分慎重。一旦加盟商选择不当，对自己的品牌将会产生消极影响。究竟怎样的投资者才能过关，成为阿五美食的加盟商？樊胜武提出四个认可：

1. 是否认可餐饮业？

有些投资者也许对餐饮业并没有清晰的认识，只是单纯地想赚钱。如果他从内心深处不了解餐饮业，不认可餐饮业，无疑也做不好这一行。如果投资之后，才发现餐饮业的辛苦，那就更得不偿失了。

2. 是否认可豫菜？

因为对豫菜有着很深的情结，也感受过“做豫菜但不承认是豫菜厨师”的心痛，所以对投资者是否认可豫菜，樊胜武看得非常重要。

3. 是否认可阿五品牌？

一是看对方是否对阿五美食真正的了解，再者看对方对阿五美食品牌的认可度。如果单纯看到阿五美食火爆的生意，只图赚钱，这样的投资之路也注定走不长远。

4. 是否得到家庭认可？

餐饮工作十分辛苦，没有大把的时间陪伴家人，这一点家人是否了解，是否能接受，这一点也成为樊胜武选择加盟商的条件之一。他认为，一个人若想成功，必定有一个强有力的家庭支撑着。如果家人不认可，餐饮经营也难以为继。

针对以上4个“认可”，樊胜武戏言，别人都是向加盟商画甜美的大饼，而他则是主动向加盟商揭秘。“我们必须实事求是的将餐饮业的辛苦、豫菜的现状告诉投资者，如果他知难而退，这说明他没有做好充足的思想准备。这样的投资者是要不得的。”樊胜武如是说。

2005年，阿五美食开始连锁加盟事业的扩张。

截止2014年3月，阿五美食拥有30家连锁店，遍及河南、河北、山东、北京、深圳、澳大利亚、美国等地，成为首家在国外开店的豫菜餐饮企业。

阿五美食的第一家加盟店是在山东济南。说起第一次加盟，樊胜武说跟演电视剧一样。

2005年夏天，几个山东人开着车慕名来到阿五美食。“中午吃、晚上吃，不到一个星期的时间，把我们菜谱上的菜点了个遍。”吃完后，他们找到樊胜武，要求加盟。

说起第一次的加盟，樊胜武没有一点做作，“当时也不懂什么叫加盟。我说行不行啊？”人家说就认准阿五美食这个品牌了。

“签约的时候他们说去办公室签吧，当时没有办公室，赶紧在建业城市花园借了间房子，搬了一张桌子、两个沙发过去，这就是阿五美食最早的办公室了。”樊胜武如是说。

现在，由于各种原因这家店已经不在了。我不想回避这些事情，一家有胸襟的企业应该具有正视历史的勇气，我跟樊先生表明意思后，他爽朗地说“你尽管写就是了，好的不好的都可以写，我就是想让大家看到最真实的阿五美食，也正好给我们找找问题，提提意见。”

关于企业扩张，樊胜武说“一开始是在省外。原因一是在本地没有做过加盟连锁，不知道能不能行。二来正好有山东有人找上门来要求加盟，就顺水推舟地开始做了。”

尝试的结果，让樊胜武有了信心，从山东开始，河南、山东、河北、北京、深圳乃至国外的加盟店，陆陆续续地开始。

胡广智，阿五美食郑州农业路店加盟商，2006年加盟阿五美食。我见到他的时候，他刚从国外旅行回来。

“我永远不会忘记2005年夏天那个暑热难耐的下午，一位好久不见的朋友到我办公室串门。闲聊中他说中午在建业路一家叫‘阿五美食’的小餐馆吃饭，不仅生意爆棚，而且豫菜味道正宗，他们排了一个小时队才算吃上，我说‘太夸张了，跟经济短缺时代似的。’朋友随手扔给我一本薄薄的餐馆宣传册。”

说到此，胡先生拿出一本薄薄的、边角有些磨损的册子，那是阿五美食最早的宣传册，红色的，可以看出胡先生很是珍惜。

“朋友告辞后，我随手翻了翻他留下来的那本小册子，没想到从此翻出了我事业上的一篇大文章。这本宣传册乍一看十分普通，可仔细阅读，却不同凡响。它图文并茂，内容丰富，不仅有企业宗旨、经营观念、服务理念等价值观层面的东西，而且有许多这个饭店老板与各界名人的合影，菜品特色等等。我心想：小餐馆竟有这样的大格局、大胸怀，这可不像一般的做派！于是好奇心驱使我前往探访，当晚就约了几个朋友去尝尝。”

“当时我弃政从商已有四年了，心中也在酝酿事业的契机和支点，在同样排队等候就餐的过程中，在那个店面不大，却食客如云的氛围里，我萌生了加盟阿五美食的念头。从第一次打通加盟电话，到选址、签订加盟合同，再到2006年11月初正式开业，一晃我们阿五美食郑州农业路店已经经营7

年多了，且总体经营状况良好，收到了不俗的社会效益和经济效益，我本人也收获了下海经商以来最大的投资回报。仅此一个项目，就让我多少次感慨当年自己弃政从商真是无悔、英明的选择呀！”

还有一位阿五美食加盟商的故事想讲一下，她就是贾春华女士。第一次见到她，直接被那股女强人的气场震慑住了！作为一个职场女性，贾总身上散发出的是那种霸气中带着些许知性，温柔中又不失精干，我说她更像“花木兰”。

“第一次接触阿五美食，是在阿五的第一家店建业路店，那时候阿五还是个小店，我是以顾客的身份认识它的，记得最清楚的是那一碗烩锅面，我自认为吃过不少美食，但那种味道还是直接抓住了我的胃！当时就想，能不能自己做一个这样的餐厅？所以说缘分很奇妙，后来有个投资的机会，我就选择了阿五美食。”贾春华女士说。

2006年12月，贾春华女士加盟的商丘归德路店开门迎客，一时间豫菜在商丘火爆起来。

2012年1月，她的第二家加盟店商丘神火大道店开业，阿五美食再次点燃了商丘人民的热情。

2014年，贾春华女士的第三家睢县加盟店也要开业了，问起她有没有什么成功的秘诀，她说“背靠‘阿五’好乘凉！”

在众多加盟商中，很多人都不止有一家加盟店。

比如王海涛先生加盟了许昌、济源两家店，王磊女士加盟了郑州天旺广场和北京两家店，而禹州的张娟女士加盟阿五美食后，获得了很高的回报，并推荐给好朋友王卫东先生，如今王卫东先生加盟的深圳店也开业了。

我问樊胜武“阿五美食的加盟事业发展中遇到过什么困难么？”

樊胜武说“当然有，加盟的过程仅有一腔热血是不成的，那是一个充满了合作、信任与斗争的过程。对不良的加盟商而言，赚取利润就是唯一的目的，一开始是你叫他干啥他就干啥，到后来，是你叫他干啥他不干啥。更换食材、调味料以次充好、盲目扩大店面。我们原来规定的调料必须是李锦记、联合利华等大品牌的产品，但有些企业为了省钱，从批发市场拉一车普通的调料，一次就能省五万块钱！”

多次交涉无果之后，为了阿五美食品牌的长远考虑，樊胜武决定壮士断腕，终止合同！

最厉害的一次，在濮阳的一家饭店，要撤走的厨师们被堵在了店里。“不让走。他们让人捎话，‘你不让我干，我也不让你干！你不让我活，我也不让你活！’”

赤裸裸的威胁、来来回回的拉锯战，甚至到总部来闹。樊胜武都顶住了。阿五美食最高峰时有40多家店，经过筛选淘汰，如今只有20多家加盟店获得了总部的续约批准。“过去我们加盟这条腿偏沉，现在更多地开始侧重直营店。”

在对各加盟店的管理上，公司总部有一套严格的制度，并专门成立连锁经营部、营运督导部，负责对所有加盟店的监督和管理。公司每月都会为各加盟店印制新菜单页、发放餐饮书籍、《阿五家园》、各类通告等，让加盟店与公司总部始终保持步调一致，共同维护企业品牌和形象。

与此同时，中餐标准化是所有中餐连锁企业面临的难题，中餐不像西餐、火锅，它的烹饪过程非常复杂，需要很多工序来完成，人为因素在其中占有很大的比重。

为了保证阿五美食每一个店的菜品都是统一的标准，樊胜武实施了多项措施：制定阿五美食标准菜谱，规定每一道菜品所有原料、配料的标准，精确到克，每一个配菜厨师面前都有一台电子秤，保证菜品统一。定期不定期的互相交流、学习也是标准统一的保证。

为了让加盟商团结在总部周围，实现资源共享，阿五美食还每年举办加盟商联谊会。

会议的内容围绕日常遇到的经营管理问题展开：总部传达新的管理文件；一起研讨学习，应对当前形势下餐饮企业发展的出路以及各店采取的措施，分享各店成功的管理经验；加盟商谈及自己加盟阿五和经营过程中的故事，会场成了大家谈心交心的地方；组织加盟商参观考察餐饮市场……

2013年阿五美食第十一届加盟商联谊会

樊胜武说“通过召开加盟商联谊会，增强了总部和加盟商之间的沟通交流，增强了阿五美食的品牌凝聚力，提升企业综合竞争力。”

此次记者采访时，恰遇阿五美食的加盟商胡广智先生。

“一年两次的加盟商会议，不仅能带领大家开眼界，更能解决很多日常经营中的实际问题。阿五美食对加盟店是十分负责的，如果你没有按照总部的要求做，樊胜武董事长随时都有可能给加盟商开罚单”，胡总如是说。

敢给加盟商开罚单，看重的更加是对品牌的维护和珍惜。

原来，阿五美食为了开拓加盟连锁事业，特成立了连锁经营部和督导部。他们经常会和加盟商联系，或告知某种新食材的采购地点，或告知新闻中关于食品安全问题，或发布研发中心新推广的菜品，或分享优质服务专业委员会的最新经验……可谓细致入微。

他们还会不定期的巡店。经常发现有些加盟店餐桌上没有按照总部要求摆放店报、调料盒，服务员没带工号牌等等，发现问题及时解决问题，并在每月的会议上对问题加盟店进行通报，一旦发现问题，如果是屡次不改正的，会现场给出罚单。

“有些企业发展连锁时，只‘连’不‘锁’，这样不仅对加盟商不负责，对自身品牌也是极大的损害”，樊胜武说。

为了捍卫苦心经营的豫菜品牌，以及打拼的豫菜复兴事业，樊胜武坚持与直营店一样统一要求加盟店，认真负责的态度感动了加盟商，创造出了一套行之有效的中餐连锁加盟模式。

豫菜出国门

2010年，阿五美食澳大利亚店开业。这是阿五美食第一次真正意义上的走出国门。两百多平方米的一个小店，在离南极最近的一个小岛上，生意却火得一塌糊涂。80%的客人都是外国人，圣诞节的时候，一天要翻六次台！

澳大利亚店加盟商马湘红女士是河南人，她说“我在郑州生活多

阿五美食澳大利亚加盟店

年，一次偶然的机会，认识了阿五美食，一次邂逅便对它情有独钟，那种正宗的豫菜、那种乡味乡情让人回味和感动。多年来，我经常往返于国内国外，在异国他乡很难吃到正宗的中国菜，更别说吃到咱们的豫菜，每次回国，我和家人总要去阿五美食美美地吃上一顿，一解相思!”

“2009年在澳大利亚居住期间，我就想着，要是能把中餐带到澳洲，让外国人也尝尝中国味道该有多好！而我的目光自然便盯在了阿五身上。说干就干！我向阿五总部递交了申请，并多次与公司董事长樊胜武先生沟通交流，我们两人的想法不谋而合——让中餐香飘澳洲!”

“樊总百忙之中亲自赴澳大利亚考察，从当地的交通、地段、人流量、商业价值等多方面严格考察，最终批准了我的加盟申请。餐厅装饰以中国文化为基础，大多采用中国传统的红灯笼、剪纸、国画等元素，处处洋溢着中原风情。同时，也根据当地的习惯因地制宜的进行了些改变，比如门面的设计，还有吧台、厨房等，都结合西式的布局和应用进行改良，在不变中求万变，在万变中坚持不变。2010年4月，在澳大利亚塔斯马尼亚州霍巴特市，一家名为‘阿五美食’的中餐厅正式开业，这是澳洲人民第一次近距离感受正宗的豫菜文化。”

“没有我想象中的水土不服，阿五美食澳大利亚店很快实现正常运转。餐厅以经营中餐、豫菜为主，像阿五炒饭、一品蛋酥等这些特色菜品都很受欢迎。用料方面，除了一些特殊的食材和调料从国内发货之外，其他日常经营的食材基本都是在当地采购。”

“当地人的午餐特别简单，饮食习惯也与国内有差别。我们根据当地人的口味和习惯进行了适当调整。一是口味方面，增加了清蒸和干炸类的菜肴，在口味上也适当加大了酸甜口味，同时利用当地食材创作了不少新的菜品，如:蒜香澳洲龙虾、鲍鱼烩面等。二是品种方面，由于饮食习惯不同，在澳洲，菜品的品种较少，从国内的‘多而杂’，变为‘少而精’。此外，由于中澳饮食文化和习惯不同，我们从餐具、分量、装盘方面都有所改变。”

如今，阿五美食在当地很受欢迎，在媒体评选的中餐馆中综合排名第二。在澳大利亚，阿五美食已不仅仅代表豫菜的形象，更代表了中国餐厅的形象。

阿五美食澳大利亚店的成功给了樊胜武很大的信心。

2013年9月他去了美国，顺便考察了当地的餐饮市场。他发现中式餐馆大都是家庭作坊式的，小、杂、乱，还没有真正意义上的品牌，出去的大多也是火锅店、自助餐店，很少有中餐大品牌出去。

“国内中餐近20年的发展这么快，但国外的中餐和国内相差很远，所以我觉得国外的市场还是很有发展前景的。”这次出去有人想在美国拉斯维加斯赌城加盟阿五美食，樊胜武考察后感觉不太合适，没有急着走出去，他说“以后有合适的机会就把豫菜带过去。”

2014年，“合适的机会”终于来了！

王力军，美国美联投资集团董事长，同时也是美国河南联合总商会会长，如今又多了一个身份：阿五美食美国洛杉矶加盟店加盟商。

王先生说“2011年，我在洛杉矶为一个来自国内的考察团投资说明会做主持，恰逢樊大师来美交流考察，我俩一见如故，从国内的餐饮业现况谈到海外中餐发展方向，相谈甚欢。作为一个在美国生活了几十年的河南人，虽然接待过无数来自中国的投资商或企业家，但是还真的很少见到来自河南

阿五美食美国洛杉矶加盟店

家乡且在国际上有影响力的餐饮品牌，而见到樊总后，我便向他提出申请，加盟阿五美食！现在，终于如愿以偿。”

樊胜武本打算把阿五美食在美国开店这个喜讯留在阿五品牌创立十周年庆典中公布，写这本书的时候，我算是提前透露了。

樊总，对不住，我又多嘴了！

我问樊先生“你把事业做这么大，有什么秘诀么？”

他很认真地想了想，说“在别人做一个店时我已经开始连锁，在别人还沉浸在一个区域的喜悦时，阿五美食已经把旗帜插到了国外，如果说做餐饮还有那么一点秘诀的话，就是总比别人快了那么几步。”

多品牌齐发展

樊胜武最近很开心。

因为喜事儿不断。“刚获得世界中国烹饪联合会颁发的国际中餐名店，前段时间升级转型的厨乡美食，生意也火起来了。”

他没有理由不喜悦。如果说“国际中餐名店”的称号是顺理成章实至名归的话，厨乡美食的升级，绝对算得上一次“无中生有”的新折腾。

2013年8月的一天，微信达人樊胜武在微信朋友圈中说道：今天晚上在厨乡美食吃饭，传统豫菜很地道，八大碗、水煎包、砂锅让人吃到撑！看到这么好的店马上就要拆掉，很舍不得，毕竟已经6年了！

这段话的结尾，是个热泪长流的表情。

这个消息立马在朋友圈引起热议。“要拆了，为啥？”“唉，做餐饮太不容易了！哥，我们都是折腾的命啊！”“又要修路了？天天修路修个毛线啊，好端端地店都被修死了！”

就在群情激奋的当口，那个在油锅里撒了一把盐的楼主笑眯眯地接腔了：大家误会了。我们厨乡美食下个月要升级改造，主动拆掉重新装修，稍后会以一种新的模式重新亮相！谢谢朋友们的支持和厚爱！

众人立马作鸟兽散。几个人还在心里嘀咕：厨乡生意不还可以嘛？老樊这不是瞎折腾嘛！

时间翻到3个月后。

11月13日，众人接到了老樊的邀请：厨乡试火，欢迎朋友们来尝美食提意见。大家伙儿就浩浩荡荡地去了。

一进门，见惯厨界风云变幻的哥儿几个就睁大了眼睛。青灰色廊柱，本色木头隔断，温馨的鸟笼灯映着隔断上喜庆的印花布，也照着墙上的朱仙镇年画，自然的田园气息扑面而来。

正对楼梯的一面墙上，有几尾锦鲤嬉戏莲叶之间。锦鲤游弋，碧荷轻摇，让人恍惚间听到清脆蛙鸣与潺潺流水。

2013年厨乡美食重装开业，开启“即食中餐”新模式。

不只是小清新的环境。正对大门处，铁锅土灶，竹蒸笼突突地冒着热气，炉膛里大块木头劈柴正吐着幸福的火苗。

土灶的右手边，是两溜长长的点餐取菜台。家常小炒、酥肉扣碗，炒凉粉、小砂锅，羊肉烩面、琉璃馍、牛肉水煎包……这近百种1到15元的各类美食足以让你眼花缭乱、食指大动。

环境小清新，价格很亲民，品类无限多，融合了快餐和自助餐的新模式，让人叹为观止。

酒过三巡，一个老餐饮拿起桌上的点菜单，指着上面“即食中餐，美味如此简单”这句话，对樊胜武感叹道：“老樊，你这个美味如此简单，其实是真的不简单啊！”

阿五·中和会郑州经五路店内景

几天后的省会各大主流媒体，面对这家只有200个餐位却每日客流量达到1000余人的小店，不约而同发了一则消息：厨乡美食，开创了即食中餐新模式。

爱折腾的老樊，不务正业的老樊，就这样一不小心又领了一把新潮流。

如今，阿五美食集团旗下已有三个品牌亮相，阿五美食、厨乡美食、阿五•中和会。

阿五美食，在此不再多说。

阿五•中和会，是阿五美食的升级品牌，主营精品豫菜、创意中国菜，以“花胶、海参”为主打菜肴，秉承豫菜“五味调和、质味适中”的烹饪精髓，在餐饮界率先推出“裸烹”的新理念，遵循艺术、美味、健康的烹饪理念，配以河南特色名吃和原生态食材、中国风元素的装修风格和北宋官窑、汝窑、钧瓷饰品、名家字画，让消费者充分感受到中原文化的和谐之美。

如今，阿五美食还注册了冬洋宫、炊事班的故事、头头是道、林亭居、饭屯、钧台之享等多个餐饮品牌，对市场进行细分，满足不同人群的饮食需求。

【第四章】

管理

8家直营店
31家加盟店
3600余名员工
数以万计的会员顾客
如何管理员工?
如何巩固客户?
阿五美食是这样炼成的!

三驾马车

三驾马车,并驾齐驱。

在阿五美食内部,既独立运作,又互相关联,对企业的稳健发展,对品牌的广泛影响,都起着不可或缺的重要作用。

阿五菜品研发中心,深入抓住餐饮企业的核心问题,在菜品上下工夫,保证顾客对菜品口味的细分需求;阿五优质服务专业委员会,更是针对餐饮企业服务方式、服务质量的研究与实践,为的是提升顾客的就餐满意度。中华(阿五)厨艺绝技表演团,在对外推广上,采用人们喜闻乐见的一些形式,将豫菜技法的绝技展现在大众面前,也吸引了众多媒体对阿五美食和豫菜的关注与报道。

1、阿五菜品研发中心

菜品是餐饮企业立足的根本,深知这一点的樊胜武率先在企业内推行了"一求、二讲、三不、四减"的美食烹饪新标准,并在每一张餐桌上立下了承诺书,在厨房管理和生产中认真兑现承诺:一求,即追求原料的本色本味,突出原汁原味;二讲,即讲究制汤,讲究浓香淡辣、清鲜平和;三不,即不用味精,不用色素,不用化学食品添加剂;四减,即减油、减盐、减糖、减辣。

阿五美食始终坚持以菜品为核心,在味道上下工夫,作为餐饮行业,这是提升企业品牌竞争力的法宝。为加强厨师交流,不断创新菜品,促进厨师技艺的提高,公司于2006年成立了"阿五菜品研发中心"。

阿五菜品研发中研发员由数十名厨师长,高级技师、中国烹饪大师、餐饮业国家级评委等技术骨干组成,每两个月都会组织全国一千余名厨师上报新菜,菜品要求美味、营养、健康,把握以豫菜为根基,以消费者需求为准则,以健康、绿色为准则,深入挖掘传统宝藏,广泛收集民间精粹,根据季节,时令特点,融入流行、时尚元素,进行研发和创新,不拘一格。并从上报的新菜中层层筛选,确定菜价试制的菜品,然后举行菜品研讨会,最终确定新菜品,并在全国各店推广,让顾客在阿五美食每月都可以品尝到新菜。

截止2013年,已经成功举办95届菜品研发活动。

研发,不是动一动嘴就能干成的事儿,每一道新菜背后的巨大付出是无法想象的。

阿五菜品研发中心新菜研讨会现场

阿五美食每两个月举行一次新菜研发活动，对每道菜品一一把关，阿五菜品研发副主任张永跃说“我们每一次搞研发评选，就像一场比赛一样，上百名厨师现场评比，包括买材料、做菜、试菜、评选，每一次都是到半夜12点。”

说到此，想到一件事。姜战国，公司行政副总厨，在一届新菜研发活动上，姜师傅的一道菜品豉汁蒸软骨，需要荷叶来制作，刚开始，姜师傅用干荷叶来制作，但味道怎么都不对。第二天，他在市场上买来了鲜荷叶，味道还是不对。

姜师傅急了，难道这荷叶还不够新鲜？

于是，为了找到最新鲜的荷叶，姜师傅晚上10点多下班后跑到黄河边，亲自下荷塘摘荷叶，然后赶回来制作，这一次，果然成功了！

在樊胜武的带领下，阿五菜品研发中心发挥了非常重要的作用，前后研发的菜品销售曾经创下了很多记录，比如阿五美食的三大怪：鱼头拌烩面、炒饭当菜卖、豆腐做成经典菜(阿五鱼头、阿五炒饭、阿五豆腐)，每样单品自阿五美食开业至今累计销售额都在1亿元以上，是名副其实的“亿元菜”，同时阿五美食的许多菜品也申请了国家专利。

同时，阿五研发团队还对传统豫菜进行了不同的创新，以“鲤鱼焙面”为例：鲤鱼焙面是河南传统经典名菜，它是由糖醋熘鱼和焙面两道名菜配制而成。变革后的鲤鱼焙面将整条鲤鱼改为每人每份的论位菜制作，这样做可以使出品更雅致，入味更均匀。前者适用于零点，后者以用于商务宴请和筵席接待。

樊胜武对阿五美食菜品要求极为严格。

如果他恰巧在某个店里宴请招待哪位客人，今天上的菜有什么问题，比如摆盘时浇汁的痕迹多洒到盘子边沿这样的细节，他都会立马提出来，要求改正。

记得有一次，我请一位南方过来的朋友来阿五吃饭。这里要说一下，外地的朋友来郑州，我一定会安排一次在阿五吃饭，让朋友尝试下豫菜。点了经典的鱼头拌烩面，那位朋友吃惯了鱼，夹了几筷子跟我说，这鱼的肉有点松。

我感觉他可能想表达怕鱼肉不够新鲜，当即对他说了这么一番话：当我特别想去吃豫菜，或者不知道想去吃什么的时候，我一定会选择阿五。因为在食品安全很难有保障的今天，我对阿五的出品十分信任，我见过他们的后厨，他们采购的食材，他们做菜的方法。

后来，见到樊胜武的时候，我把这个事情跟他提了下，当时只是觉得作为朋友要把收集来的意见反馈过去，这其实是一种很好的帮助。

结果过了不久，樊胜武先生了解当时的情况，跟我说起为什么鱼肉会有点松。原来，在阿五美食，有些菜品是绝对标准化要求的，鱼头拌烩面的鱼头，选择重量的范围有规定；鱼头蒸的时间有规定。那天我们吃到的鱼头，因为客人太多，厨房提前把鱼蒸了，蒸过火候了，鱼肉就显得松了。

不过，因为这件事，也要求店里必须严格执行《标准菜谱》，不能再出现这样的情况。因为，你不知道在阿五吃饭的客人，对哪一方面会很在意。南来北方，有爱酸甜口，有爱重盐的，口味力求调和，但更要去做到的，是出品的食材本身，必须严格达到要求。

很多人说，阿五美食之所以这么火，就是因为菜好吃，如今出现了很多主题餐厅、概念餐厅，大打文化牌，但归根到底，饭店就是吃饭的地方。

饭，才是立店之本。

2、阿五优质服务专业委员会

阿五优质服务专业委员会成立于2009年，隶属于河南阿五美食有限公司、旨在提升服务水平、贯彻全员服务理念。经验交流共享，创造个性化感动服务、提升企业核心竞争力。

阿五优质服务专业委员会由公司中层管理人员、各店管理人员组成，定期在公司总部举办交流活动，开展工作汇报、经验分享、集中培训、学习考察、优秀评比等活动。每次举行活动，各店将优质服务实践经验、超值服务金点子、服务新理念、让顾客感动的突出案例等带到交流会上，和大家一起分享，共同提高；同时，根据各店实际需要，对优秀服务案例、服务理论、企业文化等进行培训，到同行业、同类优质餐饮企业的实地学习考察，提升自身实力。

阿五优质服务专委会工作会议

阿五优质服务专业委员会设立“优质服务评选专家组”，对各店的优质服务进行评比，形成良好的学习氛围。与此同时，单店也成立“优质服务提升小组”，贯彻公司服务理念，落实优质服务的每一个细节。

樊胜武说，在优质服务专业委员会的指导下，阿五美食在服务质量方面进行了不小的改进。别的饭店鼓励多卖酒水，而阿五则倡导“本店供应酒水，不宜多饮”。不仅如此，阿五美食还在河南餐饮界率先实行“无理由退菜”，即使菜端上来，只要客人不想要了，就可以退掉。

如果有过生日的顾客来就餐，阿五美食都会送上精美的生日礼物，唱生日歌，还要为顾客拍摄生日合影照片，统一冲洗、装裱，当餐便送至顾客手中。每当遇到突如其来的天气变化，他们还会为所有会员发送温馨提醒的短信。每一个包房门的里外都有房间名称，这样在房间里的人可以清楚的知道自己所在的位置，方便告诉未到的顾客。这些都是优质服务专业委员会的成果。

在阿五美食，顾客永远是第一位的。

【优质服务提升】

我是顾客，我想说的10句心里话

1.我喜欢看到笑脸，我很敏感，请真诚地微笑着欢迎我，我喜欢开心地生活；

2.我喜欢被尊重，我喜欢被人记住姓名，也希望知道怎么称呼你；

3.请不要急着推销你的产品，请先了解我需要什么，如有需要，我一定不会吝啬；

4.我的问题不大也不难，但请你立即帮我办，你的认真很容易换取我的信任；

5.如果我在为我最敬重的人设宴，请你和我一样多给他敬重，那样我会有面子；

6.打小就知道王婆卖瓜，所以我不喜欢你们太多的自我标榜，最好让事实说话；

7.如果你销售的礼盒我暂不接受，你能不能仍然用和善有好的态度和我聊聊别的？

8.如果我的就餐是一般聚会，请不要当着朋友的面推荐所谓的“大菜”，更不要当着朋友的面宣读账单而让我尴尬。如果能做到这些，算你把我当朋友待了；

9.如果偶尔有一点意外惊喜，哪怕是记住我的一点点喜忌，我也会倍加感动；

10.请不要漠视我就餐后的离去，请笑着和我再见，因为这决定我以后是否会再来。

作为服务行业的一员，我们是否真心实意站在客户的角度多思考呢？

【优质服务提升】

阿五美食的19项增值服务

1.牙疼提供花椒。

2.胃疼提供热粥、生花生米(建议客人不饮酒)。

3.嗓子疼提供银耳汤、金嗓子喉宝(建议客人不饮酒)。

4.腰疼提供靠背(也可以直接为老人提供)。

5.感冒提供姜汤、板蓝根冲剂(建议客人不饮或少饮酒,多喝白开水)。

6.皮肤轻微创伤,提供碘伏和创可贴。

7.为小朋友提供宝宝椅、儿童餐具,并送小礼物。

8.为熟睡的宝宝提供童车、保暖毛毯。

9.为过生日的顾客提供长寿面或寿桃(视贵宾情况由店总决定送鲜花或蛋糕)并由经理亲自送上。

10.客人用餐过后,提供免费的薄荷糖或口香糖。

11.为行动不便的老人或残疾人提供体贴式服务,如:根据情况适当调整餐具或为其分餐等。

12.为有需求的客人提供便签本和笔。

13.客人询问某旅游景点或地点时,应认真介绍,如不清楚及时上报,直至客人满意。

14.为醉酒客人提供葡萄糖水。

15.为戴眼镜的客人提供眼镜布。

16.雨雪天气,免费为有需要的客人赠送雨伞。

17.如客人当餐酒水未喝完,免费为客人提供存酒服务。

18.如客人手机没电时,为客人提供手机万能充电器。

19.如客人特别喜欢店内的免费食物,如:鳝鱼骨、辣椒油、鱼鳞等,可以单独为其打包一份带走。

服务,就是满足顾客的需求,好的服务,就是满足顾客的个性化需求。

采访过程中,阿五美食的忠实顾客荆老爷子还讲到一件事"我很爱吃咱店里的牛肉水煎包，前几天胃里不舒服，不想吃荤的，就问服务员‘有没有素馅的’其实我知道没有，也是抱着试试看的心态问的。没想到，当时在店里的老总知道了，专门吩咐后厨做了几个素馅水煎包，确实是很感动。”

再比如，阿五美食店门口一定会有一排椅子，最常见的那种候车亭等车的椅子，投资不大，摆在门前，客人既可以在等位的时候坐，起到实际作用，同时椅背上打上阿五美食四个字，又是绝佳的户外广告招牌。想想吧，这样的位置如果做一个户外广告牌得有多大的花费？

阿五美食门前的便民椅

这里还想再提一件事，不知道算不算是关于服务类的。

全国优秀摄影家十杰、孟娜影像艺术总监，也是樊胜武的好友孟娜说“老樊这个人，太为顾客想了，有一次他请我们吃饭，把地点订在了别的饭店，我们还纳闷，守着自己家不去干吗去别人家啊。见面之后，我问他，你猜他怎么说？他说‘我们店吃饭的人太多，饭点儿都要排队，我们就别去跟他们抢了’，瞧我这哥哥，在顾客看不到的地方提供服务呢。”

3、中华(阿五)厨艺绝技表演团

中华(阿五)厨艺绝技表演团成立于2007年，隶属于河南阿五美食有限公司，由30余位身怀厨艺绝技的烹饪大师组成。

中华(阿五)厨艺绝技表演团作为中国第一家厨艺绝技表演专业团队，

先后在中国厨师节、香港澳门回归十周年庆典、澳门美食节、上海世博会、马来西亚美食嘉年华等重大活动中以及美国、韩国、英国、澳大利亚等国家表演，受到各大媒体的广泛关注，中央电视台、美国蓝海电视台、香港NOW TV、河南电视台、《大河报》、《餐饮世界》以及参加活动当地的报刊都纷纷做专题报道，得到各界领导及众多观众的高度赞扬。

中华(阿五)厨艺绝技表演团

脚踩鸡蛋钢针气球上切肉丝、拉龙须面

表演团的成员都练就了一身的独特本领，脚踩鸡蛋钢针气球上切肉丝、蒙眼切豆腐丝穿针、空手炒菜、刀书、糖艺、溜冰花样烩面、吹面大气球等数十项烹饪绝活。每一项厨艺绝技都融入了烹饪和艺术的与元素，展示了中国烹饪的深度底蕴和豫菜绝技的博大精深。

表演团副团长陈铁林说“当初刚开始练习绝技的时候，真的没少吃苦，比如说人背上剁肉馅吧，这项绝技对刀工和力道的要求非常高，少一分力切不断，多一分力气把人背划破了。一开始，我先用薄毛巾、猪皮等练习，感觉差不多了再在人背上切。”

“还有一项绝技需要脚踩在灯泡上，你想想看，灯泡的玻璃多薄啊，我体重快180斤了，一开始也是经常被扎伤，后来练习的多了才成功，练绝技这活儿没有窍门，就是不怕苦，多练习。”

如今，每两个月，阿五美食都要召集全国的表演团成员齐聚郑州，进行厨艺绝技演练，毫不松懈。

赵耀，阿五•中和会副厨师长，同时也是中华（阿五）厨艺绝技表演团的成员。

为了能够成为中华（阿五）厨艺绝技表演团中的一员，他呕心沥血钻研厨艺绝技。在练吹面气球时，几十斤的面，他反复地揉反复地吹，累的胳膊抬不起来，腮帮子肿得说不出话。练脚踩玻璃，尽管脚上鲜血淋淋，缝了好几针，家人不断劝阻，他仍然没有放弃，他说“要想成功必须要吃别人吃不了的苦，才能享别人享不了的福。”

终于，功夫不负有心人，通过不断努力，他练成了五项绝活。他在澳门美食节、马来西亚美食嘉年华开幕式、中国厨师节开幕式等多个重大活动中进行表演，并获得了轰动的效应，很多外国人都是他的粉丝。

同时，赵耀刻苦钻研，不断研发新菜品，多次在国内外菜品比赛中获奖，马来西亚国际精厨争霸赛金奖、全国中餐技能创新大赛金奖、第六届东方美食国际大奖赛金奖等共计十五个奖项。尤其是在今年他荣获了中华金厨奖荣誉，是获得这个奖项的中国最年轻厨师。

此外，中华（阿五）厨艺绝技表演团成员张文举，表演的“吹面大气球”2013年创下了扛旗世界纪录！扛旗世界纪录是总部位于中国香港的世界纪录收录机构，与吉尼斯世界纪录有着相同的权威。

“吹面大气球”这一厨艺绝技，是把普通的面团吹成直径1.8米、高约0.66米的大气球，彩灯闪烁下，精彩美妙，没有一定的功夫是很难完成的。

吹面大气球上剁排骨

从最初向“扛旗世界纪录组委会”提出此项申请，到经过严格的审核验证，到最终成功地被世界扛旗记录组委会颁发“世界上最大的面气球是张文举先生制作的直径约1.8米的面气球”证书，阿五厨师张文举历经多次精心钻研、演练才最终获得成功。

此项绝技曾多次在国内外的重要活动中表演，马来西亚美食嘉年华、中国厨师节、西安美食节、河南电视台等，都留下了他表演吹面大气球时的轰动场面。

中华(阿五)厨艺绝技表演团

抓顾客要主动出击

阿五·中和会客服主管董萱，个子虽然不高，但说起话来声音洪亮，做起事情风风火火，一看到她就觉得浑身充满活力。

我问她"是什么让你每天都这么有干劲儿？哪来那么多让你高兴的事？"

她想了想说"每天都接触不同的人和事，对我来说每天都是未知的。至于为什么这么高兴，尤其是我看到回头客的时候，那种被顾客认同和尊重的感觉让我觉得自己有价值。"

我在《阿五家园》上看到好多次她的名字，基本都是在销售表彰里面。我很奇怪，为什么偏偏就是她的业绩好，难不成有什么秘密手段？公司总经理侯素梅告诉我"这个姑娘肯干，也敢干，胆子大，别人想不到或不愿意做的，她就会去做。"

2012年夏天，董萱任职阿五美食陇海西路店的前厅主管。

有一天，店里接到电话，一个80多岁的老红军在郑州第五人民医院住院，他很喜欢吃阿五豆腐，因为家人需要陪护，走不开，就试着打电话问问能不能送餐。

阿五美食陇海西路店是没有送餐服务的，而且医院离店里至少有十多公里，接待员把这个情况反映给董萱，她考虑到距离太远，饭菜送过去就不新鲜了，她马上给离医院较近的阿五·中和会打去电话，让后厨做了一份阿五豆腐，然后自己骑着电动车去给老红军送餐。

当时正值7月份，天气炎热，到医院时董萱浑身都湿透了，病床上的老红军看到她，拉着她的手，激动地说不出话来。

除了用心服务顾客，董萱还有一个秘籍——主动出击，寻找顾客。阿五美食每两个月就会推出几道新菜，在店里销售。大多数服务员会在客人点菜的时候向客人介绍推荐这些新菜，而董萱，总是跑在别人前面。

她让后厨把新菜各做一份装好，自己拎着去附近的单位、写字楼上门推销，还别说，这招真管用，总是过不了几天，她拜访过的这些人就会给她打电话订台。

其实，顾客是无处不在的，只是有的人能看到，有的人看不到。

2013年11月厨乡美食英协路店重装开业后，主营即食中餐，附近写字楼的很多白领中午都会在此用午餐。为了起到宣传效果，公司组织人在各写字楼、小区门口发放宣传单，还现场办储值卡。

公司财务部副经理凡秋香，在乘电梯时偶然听到旁人谈论中午去哪里吃饭，便和他们聊起来。原来他们是12楼一家单位的员工，了解到他们单位也是集体用餐，凡秋香立刻去拜访了他们单位的主管，询问是否能统一在厨乡美食用餐。此后，与这家公司建立了长期合作关系，并在集装箱、月饼、粽子销售方面取得合作。

还有一个案例，阿五美食英协路店保安员武好仁。

之所以写到他，是因为樊胜武多次向我提到他，一个普通的保安员，每天居然有十几位客人打电话给他让订台！

我见到他的时候，正是中午，天下着大雪，他正在冒雪指挥车辆。附近车辆管理中心的收费员告诉我，武好仁为避免其他车辆在店门口停靠，影响店里顾客停车，给顾客就餐带来不便，每天早早起床，8点就到店门口站好岗，提前占好车位。

很多客人对停管中心收取停车费无法理解，有的客人甚至骂骂咧咧，和收费员发生争执。每到这个时候，他主动上前和收费员沟通。实在不行，他就自掏腰包。

他说："我们的服务理念是'用心服务，以客为尊'，我们一定不能让客人生气，如果客人生气了，也许下次就不来咱们店吃饭了。当我发现下次他还来就餐，我的目的就达到了，掏再多的钱也值了。"

正是因为他的用心，才"笼络"了那么多客户的心，他虽不再年轻，但他凭着耐心和任劳任怨，用业绩证明了年长者发挥余热也是企业的财富。

你永远不知道下一个站在你身边的人是谁，所以每个人都是潜在客户，这种随时随地抓顾客的意识是一名优秀的员工必备的素质。

张宝莲，阿五美食农业路加盟店前厅主管。

张大姐以前是一名工厂工人，下岗后来到阿五，成为一名保洁员，每天打扫厕所卫生，大家都叫她“所长”。她并没有轻视自己的职业，每天上班都很开心，连扫厕所的时候也会唱着歌。

有人说“看一个餐厅的档次就看它的厕所。”在农业路店，只要有张大姐，厕所一定不会出现异味。每次顾客去洗手间，她都会主动开门、问好。客人洗手的时候，她会主动开水龙头、递洗手液。久而久之，很多客人都知道张大姐的存在，每次去大老远就喊“所长！所长！”

这个情况被店总知道后，张大姐被调去了前厅做了一名接待员，也是年轻最大的接待员。

事情妙就妙在这里。

餐厅里每天找张大姐订台的顾客是最多的，一个保洁员能成为销售高手，不得不让人深思。

张宝莲给我讲了个故事。“一天中午，店里都坐满了，来得晚的顾客需要排号。这时候来了一群人，其中有三四个外国人，我跟翻译说暂时没位置，需要等，我把他们带到休息区，给他们排了号码。然后我就去招待其他客人了。”

“忽然，我一扭头，看到这几个客人离开了。我心里一紧，心想：是自己服务的不好？一定得弄清原因。我追了出去，他们已经出门了，我追了一百多米。我看得出来，那几个外国人是主宾，我不会说英语，但那时也顾不得了，就大喊‘Hello!Hello!’，这时他们停下来。我问翻译他们离开的原因，翻译说这几个外国人不喜欢烟味，我说‘你们跟我来，我保证没有烟味’，他们就跟着我往餐厅走。”

“一边走，我一边打电话回去，让服务员把房间收拾好，喷上空气清新剂，点上熏香，拿掉烟灰缸。到房间后，把他们安置好，心想这几个外国人肯定没有我们店的联系方式，于是我一一递上名片。其中一个外国人也回递了我的名片。”

“我看不懂英语，那个翻译问我‘你知道刚才给你名片的人是谁么？’，我说不知道，她说‘那是我们公司法国总部的总裁！’”

听完这个故事，我不禁对这位大姐刮目相看。试问：你能看到顾客出门后，然后追了一百多米再把顾客追回来吗？

如果在马路上捡到十块钱，你是寻找失主还是装进自己的口袋？也许你会说，十块钱，还买不来一斤猪肉。但是十块钱，却能买来良心的安宁。

阿五美食单店的仓管员，平时的主要工作就是物品的出库入库登记，工作虽然简单，但却把控着成本的多少。而仓管员平时打交道较多的就是公司的采购员。

一位仓管员告诉我，在她的印象里，公司采购员连江涛是个非常“死心眼”的人，一毛钱、一分钱都要计较。

“12月3日，我们店里购进了3.19kg的三文鱼，每公斤159.6元，一共就是509.12元，在我准备写入库价格的时候，江涛说你少写十元钱吧，我当时纳闷了，难道麦德龙还能讲价不成？江涛说，今天正好麦德龙送了十元钱的代金券，所以买三文鱼实际上只花了499.12元！我心想：江涛你也太较真了吧！而他淡淡地说‘良心不安，咱不能干那事！’他让我看到了一名采购员的职业素质。”

“另外，不得不提一下他的‘砍价’功夫。我们平时使用的洗洁精，从107.5元一路‘杀’到95元，再到现在的90元，积少成多，一年下来，光是洗洁精就节省了不少钱呢！但是他也会担心‘价低质降’的问题，就经常询问洗碗阿姨‘效果怎样’‘比以前的有没有下降’等，他也会像小孩子一样高兴地跟我说‘今天我又砍下了一块钱……’”

道德建设，听起来又是一个很空的命题。

樊胜武说“我不玩虚的，不会跟员工们讲什么大道理，至于他们问我什么是‘道德建设’，我就跟他们说捡到顾客东西要归还、不干违法的事、不拿供货商的回扣、孝顺父母、不赌博打架，这就是道德建设。”

2013年3月23日下午，在郑州中州大道与商鼎路交叉口，52岁的阿五美食英协路店保洁员李超枝大姐下班骑车回家路过此处时，突然看到马路的角落里有一个黑乎乎的东西，捡起来一看，原来是个黑色钱包。

她环顾四周发现并没有人前来寻找，打开一看，里面冒出了一沓子百元面额的钞票，还有身份证、驾驶证、发票和许多银行卡，这一下子把她给吓住了。

“这么多钱和卡，咋办?”她拿着钱包的双手直哆嗦，心里也是“砰砰”直跳。她想，“在外打工都是辛辛苦苦，赚个钱谁都不容易，这些钱一定要尽早还给人家”。

于是，她把自行车靠在路边等候失主，可过了好大一会儿也不见有人前来寻找。无奈中她匆匆地赶回饭店，寻求领导帮助。当店总刘晓瑞得知情况后，十分重视并迅速上报公司，公司随即将这一消息发布在了阿五美食的官方微博上，以求尽早找到失主。

而正是这一条微博，在河南台《小莉帮忙》栏目组记者和众多热心人的帮助下，经过2天的努力，终于找到了家住惠济区农村，患病在省中医院住院治疗的失主刘先生，他丢失的钱正是家人辛苦筹集的治疗费。

当李超枝将这个充满爱心的沉甸甸钱包交给刘先生时，他激动得说不出话来，多次匆匆从钱包中抽出一些钱进行酬谢，但终被拒绝，李大姐只是轻轻地说了一句“这是我应该做的，你好好治病比什么都重要”!

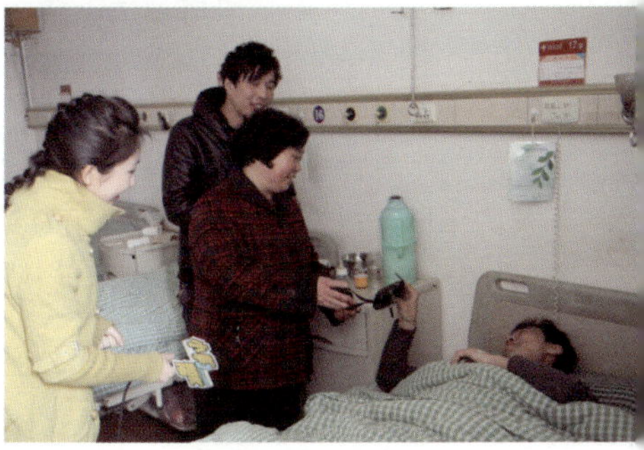

李超枝和“小莉帮忙”节目组在医院见到失主

李超枝是来自农村的一名家庭妇女，七年前来到阿五美食英协路店当保洁员，兢兢业业一干就是七年。虽然她每个月的工资只有2000来块钱，但她丝毫不为金钱所动的高尚品德令人感动。其实，这并不是她偶尔所为，而是与她多次被评为“优秀员工”，还曾经被评为“感动阿五2010年度十大人物”的优秀经历密不可分。

李大姐，好样的，你是阿五人的骄傲!

我并没有见到李大姐本人，听说因为她有了外孙子，没有人照看，便回家照顾外孙子了，现在她的丈夫、女儿、女婿都在阿五美食工作，李大姐走时说“等外孙子大了，我还要回来上班!”

道德建设不仅针对员工，阿五美食同样重视自身的道德建设。

比如最基本的“发工资”，阿五美食一直都是每个月15号雷打不动准时给员工发工资，十年来从未拖欠过一天。

陈铁林，阿五美食行政总厨。“我记忆最深的一件事，是2010年冬天去山西给员工发工资。那年冬天，雪下得特别大，因为银行转账跨省工资卡转不了，所以我和公司的两个同事揣着十几万的现金，开着车去山西。雪太大，高速全封闭了，我们就走国道。走到济源境内的时候，很多都是山路，一边是山，一边是悬崖，雪大路滑，我们都很紧张。”

“突然，司机樊华一个急刹车，车身在原地旋转了半圈才停下来，我们赶快下车瞧！这一瞧身上顿时出了一身冷汗，车轮离悬崖只有十公分！司机蹲在路上抽了根烟，然后重新上路，一路上我们三个谁都没敢说话。”

其实，工资晚发个一两天也不是什么大问题，毕竟特殊原因下大雪，员工也都能理解，没必要去冒这个险。

樊胜武说“这不是晚发一两天的问题，而是诚信的问题。”

不只是员工，对供货商，阿五美食同样如此。

赵扣莲，阿五美食肉类供应商。她告诉我“一直给阿五美食几个店送货，我从来没有为结账发愁过。有的其他单位，每次去结账都找理由，要不就是‘领导不在’找不到负责人，阿五美食每个月固定日期结账一天不拖，而且还请我们供货商吃饭。还有几次，因为我家里有事，晚了好几天没有去结账，他们财务一直给我打电话催我去拿钱。”

赵扣莲说，最早的时候，她每天早上骑着三轮车给阿五美食送货；后来买了一辆汽车。如今，赵扣莲已经买了好几辆汽车、雇了五六个员工专门给阿五美食送货，一年在阿五美食结款达数百万元，但从未少过一分钱。

我问她“有没有出现过采购人员拿回扣或索要礼品的事?”赵扣莲有些不好意思，说“没有，我没有送过礼，我知道有同行送过，他们没收。但是店里验货的人非常严，送的肉有一丁点问题都不中!”

我问侯素梅，是如何管理采购和验货人员的，为什么他们都能做到不收回扣，侯素梅说“诚信。”阿五美食的验货人员每月都有补助，本来拿着比别人多的钱，就应该做到守规则。阿五美食对“吃拿卡要”的事情是零容忍，一经发现，立刻开除！公司给员工的福利很完善，没有必要为了那点回扣以身犯险。

低碳厨房

对于一个餐厅来讲，负责出品的后厨，是最重要的。

后厨的软硬件配置好，不仅保障了食品安全卫生，而且提高了上菜的速度。

说到阿五美食的后厨，先提一下“白百合”工程。

“白百合工程”是2004年在土耳其实施的一项餐饮清洁安全工程，主旨是打造餐饮业的清洁卫生安全。由土耳其政府和全球最大清洁安全整体解决方案提供商美国希悦尔公司及餐饮企业合作实施。

通过对餐饮业的食品安全环节进行梳理与分解，找出影响卫生及安全的关键要素，通过培训，帮助从业者掌握清洁技能；根据每个餐厅的不同情况辅以时间不等的日常监督，促进餐厅不同岗位具体操作者从洗手、刀具摆放到食品记录等诸多方面的习惯养成。并通过媒体的合作，让欧洲的消费者相信——悬挂着“白百合”标志的餐厅，其食品安全值得信赖。

樊胜武在土耳其考察“白百合”工程

樊胜武在考察了土耳其的餐饮清洁卫生安全后，受到很多启发，餐饮清洁安全不仅仅是食品安全，而且包括了很多管理、体系、检查等各方面的实施，实施“白百合”工程的餐厅在餐具洗涤、设备配置、餐具摆放、温度控制等每一个细节都做得非常好，国内的很多餐厅也在实

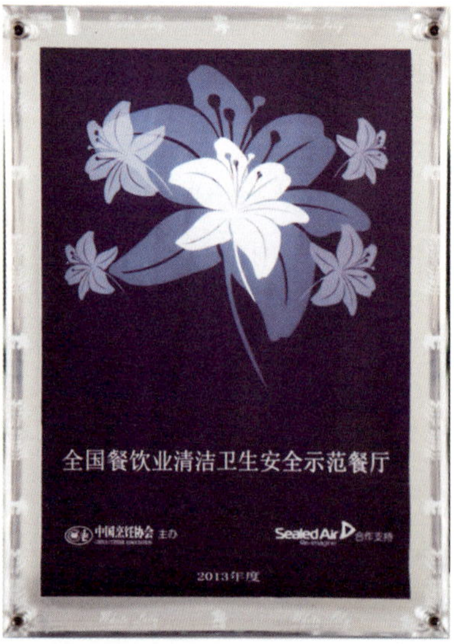

阿五美食成为全国首批餐饮业清洁卫生安全示范餐厅

施一些“五常法”、“六常法”管理，但真正坚持做到精细化管理的不是很多。

阿五美食已经成为全国第一批入选白百合工程的5家餐饮企业之一。

走进阿五美食的后厨，但见物品摆放有序，菜墩分为红绿两种，连切菜刀的刀把，也红绿有别。红菜墩用来切熟食，多是肉制品类，搭配红色刀把的菜刀；切素菜都用绿菜墩，搭配绿把菜刀。

这只是一个小细节，至于提前的制汤、备料，以及高峰期一个火口完成50道左右菜品，凉菜1至2分钟左右完成，热菜中快炒3分钟左右完成，都已经成为操作中的标准化流程。

“在进入厨房之前，所有人员都要戴上一次性卫生帽和脚套。”阿五美食厨师长说，“我们在厨房里设置了有交通标志的双向通道、励志标语，员工行走井然有序，防止了不必要的碰撞和摩擦。在厨房里实施交通法，在我省尚属首列。”

进入厨房内部，整个厨房的地面干净整洁，看不到一点水渍，干湿区域分离，所有的设施设备干干净净，在厨房里基本上全是采用可回收的厨房专用高级木浆纸，不仅节约了用水，还保证了食品加工中的卫生和安全。

更为惊奇的是，在阿五美食的厨房里，竟没有一个垃圾桶，原来，这里采用的是垃圾分类处理，凡是进入厨房的原料基本上都是经过初加工的半成品，减少了在烹饪过程中垃圾的产生，减少了能源的消耗。

生熟分开、厨具餐具排列有序、食品加工有条不紊，各种标志排列规范，标准化的程序，种种精细化的管理模式，使工作效率大大提高，节约了大量不必要的能源，正是在这样个性化的厨房里，让“低碳”餐饮的新概念无处不在。

阿五美食的厨房设备很多都是专门定制的，电磁炉、电冰箱、抽油烟机、微波炉、烤箱等电器厨具一应俱全，很多都是低噪声、低能耗、零排放，水龙头采用感应装置，用勺子在感应屏上感应一下，即可出水，大大降低了电和水的浪费。

阿五美食厨房

电冰箱分生熟摆放，燃气灶和电磁灶相结合，大大降低了废气的排放，节约成本近50%，而且在烹饪过程中无明火出现，解决了厨房火灾隐患问题，真正让餐厅厨房的设备智能化和低碳化。

“厨房和厨具的设计将会充分体现烹调和分享的乐趣，促进厨房成员的沟通和交流。”樊胜武介绍说，通过功能和形式的创新，厨房已经不仅仅是厨师工作的场所，将为厨师带来更多交流和协作的机会，改善厨师的工作环境，其实就是在提高餐饮品牌竞争力。

用细节管理厨政

厨房管理的好坏，是决定一个酒店餐饮兴衰的重要内容。阿五美食如今由1600多名厨师，且分布在全国各地，如何管理？这是个大问题。

樊胜武说“一件事的成功与否，很大程度上取决于一些小细节的处理上。阿五在厨房的管理上，更加注重细节的管理。”

以下是阿五在经营及管理中的经验总结：

1. 厨房高管24小时开机。厨房生产员工提倡在工作时间关机，而作为高层管理人员的各店厨师长，必须24小时开机，其每月享受通讯补贴，以此保障上下级信息畅通。此外，其他企业都是下级向上级汇报工作，而在阿五，上级任何时间外出，必须向下级汇报，以保障工作链顺利衔接。作为厨房高管，在各店巡视或交流时间，也必须在考勤表上签到，标明时间和具体工作，否则以旷工论处。与此同时，除去行政总厨外，其余中厨部人员工作期间一律不得携带手机。

2. 厨师月月写总结，每月订烹饪杂志。在阿五，每个厨师的上衣口袋都配有笔和便签本。所谓“好记性不如烂笔头”，但凡厨师看到的、听到的、想到的，都要求在便签本上记录下来，逐步落实。此外，厨师月月都要写工作总结，鼓励员工说心里话，提新建议。公司还规定，要学习餐饮杂志上的优秀作品和技术，每个总厨每月要订4种以上烹饪杂志。由此可见，阿五旗下一千余人的厨师团队，绝对是一个优秀的学习型团队。

3. 打造厨师品牌。在阿五美食，厨师长有汽车的很多，有自己挣工资买的，也有利用入股分红买的。在阿五美食有一个不成文的说法，厨师长不是技师以上职称、没有获得过省级以上金奖、没有厨艺绝技、没车没房的就是不称职的阿五美食厨师长。樊胜武说，“阿五厨师”就是品牌，现在只要在社会上一提起阿五美食的厨师，就是一种身份，我们一直在打造这个品牌。

4. 杜绝习惯性浪费。习惯性浪费不是指的“人走不关灯，整夜长流水”的浪费，而是在做菜过程中有很多小细节让厨师们在不经意间造成了浪费。例如用勺子舀调料，本来用10克足够，却不经意舀了50克或者更多，把需要的10克倒进锅中，便顺手把勺子中多余的40克用清水冲净，这在很多厨师看来也许很正常，但是剩余在勺子里的40克或者更多完全可以再倒回到料缸中；再如做油炸菜品的时候，炸完后不控油或者油控得不够，这样就会有大量的油流失掉，这也是一种浪费。

每天开例会的时候总是讲多遍杜绝浪费，但是实际每天都会发生浪费现象。对此现象，阿五的考核措施是：实践操作中如果发现第一次浪费，给予警告处分；如果再犯就要下罚单。这一考核措施既节省了酒店的成本，又使大家养成了良好的习惯，对酒店和个人都是百利而无一害的好事。

5. 打扫卫生要关水。在阿五，打扫厨房卫生要关水，关水的好处有两点：其一，防止电源短路。其二，使员工对水的再利用形成了习惯（不是说打扫卫生不用水，而是提倡厨师们将洗菜、涨发、焯水、气蒸等用于初加工的冷水或热水储存起来，进行循环利用，到打扫卫生时，这些水擦地足够使用，无需再开水龙头放水）。

6. 制定验菜相关标准。阿五采用厨师分组轮流验货的制度，验货是关系出品质量的第一环节，也是最重要的环节，验货的时候要多长个心眼才能充分保证原料的质和量。例如水货，夏天温度比较高，虾仁、鱼类等是用塑料袋装来的，而且加有一定冰块，验货员不要只考虑到原料是否新鲜，还要想到这是含有水分的原料，需解开袋子取出冰块，再用手指从塑料袋底部戳个小洞让多余水分充分流出，从而可以减轻重量，降低原料成本。

还有如鸭子、鸡等，不要只看大小和新鲜度，还要亲手掏鸡、鸭的肚子，一般会掏出一些价格低于鸡或鸭子的内脏，如鸡油、鸡肝等；如验货不到位，就会让供货商蒙混过关，还有一些成捆的蔬菜，整箱整件的原料都要拆开检查验收，因为可能会有一些不合要求的蔬菜混杂在中间，不拆开就不会看到，或许有的数量不够的，不打开就检查不出来，这些在阿五都对验菜人员做了更细要求，并对当日验菜人员验收的菜品原料单据上进行签字的，如出现问题，就会进行相应的考核处罚。此外，每位验菜员都比其他厨师早起，因此每月会有验菜津贴。冬季在室外允许穿保暖衣，不必穿工装。

7. 辣椒油定期更换。追求质量不是唱高调，而是"满足顾客的要求"。客人希望吃得清淡些，厨师做的菜却很油腻，客人希望吃麻辣的，厨师却做出甜的，即使菜品本身是精品，但只要不是顾客所要求的，就谈不上"高质量"。

只站在自己的立场，不了解顾客需求，是不可能做出高质量产品的。阿五在每个包间都放有辣椒油、醋、盐等调料，便于客人自主添加。而对于辣椒油的检查，也相当严格，必须每天检查一遍，防止辣椒油和辣椒末比例失调，防止长期不用导致变质。

8. 器具加工，自己动手。比如"阿五鱼头"旺销，每周都会用坏好几个刮鳞器。厨师们买来钢丝，结合木板自制了刮鱼鳞的刷子，一个当做百个用，节省了这部分低值易耗品的成本。还有"豆腐盒当码斗"。这是来自于员工的智慧，提建议者获得了公司创新节约奖。阿五美食点菜率最高的菜是阿五豆腐，厨房每天都会用到上百盒豆腐，将取出豆腐的塑料豆腐盒一次性用于配菜，替代码斗使用，不用人工洗涤、不用水、不用洗涤剂，仔细一算，节约了不少成本呢！配完一份菜，用一次就扔掉，明天还会有新豆腐盒进来，真是省心省力。这样的提议，该奖！

9、给菜刀加把锁。菜刀多了，容易丢失和损坏。为加强菜刀的管理，防止混乱，阿五厨房里的菜刀，铁柄的都打有小孔，木柄的则在刀身上焊接一个吊环，在下班后每人一锁，锁了起来。

10、"偷吃"公开化。"偷吃"不仅是一种浪费，也是一种不良习惯，更是一种严重地违反厨房纪律的不良现象。但厨房不许厨师吃，厨师怎么提高产品质量，准确把握味型呢？将"偷吃公开化"，一种比较人性化的管理方法。也就是如果有人想尝哪道菜，可以向总厨提出来，厨房根据实际情况单独做一份，然后召集广大厨师一起品尝，还可以在吃的过程中一起交流这道菜的制作经验。

公益

五美食是一个充满爱心和社会责任感的餐饮企业，公益，也是阿五美食解读“义”之理念的关键元素。“阿五爱心基金”便是这种精神下的产物。

2008年，阿五美食为汶川地震灾区捐款十余万元；2013年，阿五美食联合14家餐饮企业、70余家店面举行“祈福雅安 河南餐企爱心在行动”共筹集善款30余万全部捐给雅安地震灾区；阿五美食多次为爱馨养老集团孤寡老人、登封希望文武学院孤儿、困难家庭和员工等捐款捐物数十万元。

2013年，在政协组织的“捐资助学，奉献爱心”活动中捐款50000元，用于登封农村社区小学建设，履行一名有责任心的企业应尽的义务。

阿五美食公益活动选登

2008年10月15日中午，阿五美食和国际巨星成龙来到河南爱馨养老公寓献爱心，阿五美食应邀为此次活动提供美食，樊胜武亲自向成龙和孤寡老人们展示了厨艺绝活——抻面。一环又一环，几个看似普通的一拉一绕，刚刚还是一团白面，马上就变成了比头发还要细的银丝，看着眼前抖动的银龙跃跃欲飞，成龙笑言："够厉害，出手够快！"

接下来，樊胜武大师又把这细如发丝的面用火点着，看着燃烧的火苗，成龙和老人们啧啧称奇，而当把面放入水中，银丝般的面入水突然就化了，成龙赞道："天下人都知道河南少林功夫厉害，没想到河南厨师的功夫也很了得！"

成龙与阿五美食共同为孤寡老人献爱心

看完了绝活表演，成龙和老人一起享用阿五美食的丰盛午餐。阿五美食的三大怪之一——阿五豆腐尤其受到大家的喜欢。成龙连喝了三碗，由此阿五豆腐也被戏称为"成三碗"。成龙还不忘身边的老人，主动起身为老人们夹菜。成龙及孤寡老人盛赞阿五美食是一个对社会负责任的餐饮企业。

2013年春，在郑州开面馆的李刚突患骨癌，经《东方今报》报道后，引发了"一碗面温暖一座城"的爱心潮，中央电视台《新闻联播》、《人民日报》等央视媒体也专门报道此事。

7月份，李刚的病情又复发了。10万元的手术费，成了另一道关卡。

得知此消息后，阿五品牌创始人、公司董事长樊胜武第一时间决定携手东方今报，联合发出“吃一碗面，捐1元钱”爱心捐助活动，共筹得善款10000元，樊胜武决定以自己名义再捐出20000元！

7月17日一大早，总经理侯素梅及董事长助理刘斌乘车赶往500余公里外的西安第四军医大学唐都医院，把30000元的爱心捐款送到了李刚手上，并和李刚约定，等李刚康复回家，为李刚接风洗尘。

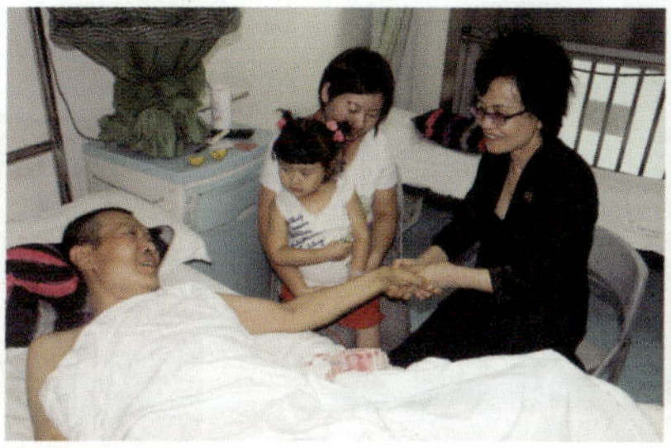

公司总经理侯素梅赴西安看望李刚

河南餐企向惠纪伟捐款活动现场

2014年1月25日（农历腊月二十五），中华十大名厨、豫菜泰斗吕长海大师找到樊胜武，要为一个叫惠纪伟的厨师募捐。原来惠纪伟患了尿毒症，急需医药费救命。樊胜武二话不说，立刻在公司发起了募捐活动，员工们也纷纷伸出援助之手。年后，樊胜武又发起了河南餐饮企业向惠纪伟捐助的活动，共募集捐款75000元。

这样的案例还有很多很多，爱心无价，大爱无声。

阿五美食坚信，一个企业，就像一棵小树苗，正是有了各界人士、众多市民的照拂，才能汲取营养，吸收阳光雨露，茁壮成长。待成为参天大树时，也应永保赤子情怀、感恩之心，回馈一直帮助它、关注它的人们。

赠人玫瑰，手有余香，我们共同回馈关爱，传递爱心，得到的远比付出的更多。

【第五章】

让员工得到更多

“在哪里都是给别人打工，员工为什么跟着你？因为跟着你能得到他自己想要的。所以，要留人，就要让员工得到的更多。去别人那里是打工，可是在阿五美食，员工是主人，性质不一样。自己家的活儿还干不完，怎么会去别人家呢。”

——樊胜武

把员工当家人

这个标题很平淡，也是很多企业主一直在强调的，但是究竟是不是家人，老板说了不算，我们听听员工怎么说。

阿五美食英协路店保安武好仁，刚来阿五时，有一天天下大雨，他冒雨步行，把客户送到500多米外的公交站，回来之后全身已经湿透，店总刘晓瑞看到之后，立即吩咐厨房给他熬了一碗热腾腾的姜汤，他感动得热泪盈眶。

他说："我在很多地方打过工，从来没遇到过这么好的领导，一点小事都这么关心我，送客人本来就是我的工作职责。"

从那以后，他以店当家，尽职尽责，还鼓动在别的地方上班的老伴来这工作，现在他的老伴已经在厨乡美食英协路店工作快四年了。

厨乡美食后厨面点师王培英，因为煎了一手好吃的水煎包，大家都亲切地叫她"水煎包阿姨"。

王阿姨来阿五美食好几年了，工作一直很出色，可是有一天，王阿姨突然提出了辞职，店总亲自找她谈心，询问辞职的原因。原来，王阿姨的丈夫得了偏瘫，起不了床，王阿姨准备回老家照顾丈夫，可是看病需要钱，家里也不富裕，王阿姨很纠结。

了解到这个情况，公司立刻派车去王阿姨老家把她的丈夫接了过来，并在厨乡美食附近给他租了房子，这样王阿姨就可以一边上班赚钱，一边照顾丈夫了。

神奇的是，王阿姨的丈夫居然一天天好了起来！每次提起这事，王阿姨就感动的哭。

夏伟涛，现任阿五美食建业路店传菜主管。

2007年4月，19岁的他，经朋友介绍来到阿五，成了一名传菜员。他家庭生活条件困难，父母身体不好，领导知道他的情况以后，找他谈话，给他鼓励，让他把压力转化为动力，努力工作帮助家人。每年过年，工会都专程驱车到他家里拜年，带去慰问品，送上新年祝福。

2011年，他的哥哥出了车祸，伤得很严重，前三天一直在抢救室内抢救。由于对方伤得也很严重，无钱赔偿，这对于他贫困的家庭无疑是雪上加霜。他们家想尽办法，东借西凑，仍然承担不起高额的医疗费用。

当他最困难无助时，公司工会立刻组织大家为他捐款，工会刘巧玲主席和建业路店店总姚俊杰还专程带着大家的爱心捐款一同到医院看望他的哥哥，减轻他家的负担。

现在，夏伟涛已经成家、有了孩子，有了自己的责任和担当。

宋长增，现任公司采供部主管，在阿五美食工作已经十个年头了。

“2007年，公司集装箱卖得非常火爆，由于年三十是最后一天的提货日期，大年二十九那天一直忙到第二天凌晨2点多。把顾客预订的数量加工完成送到店里以后，我才下班回家休息。下午到公司和财务人员对账，忙完之后已经三点多了，我收拾包裹，急急忙忙赶到车站才发现没车了。”

“正在我发愁的时候，发现公司早已提前安排到位，专程派车送我回家。大年三十的晚上，天黑路滑难走，我以前都是坐公共汽车回家，也不知道回家的路，所以一路边走边问，到家已经是晚上9点多了。同事匆匆吃了一碗饺子，就急忙赶回郑州，等他们回到郑州，已经是凌晨1点多了。同事们为了送我，放弃了与家人团聚吃年夜饭的机会，辛辛苦苦来回将近600公里的路程，让我深受感动。”他告诉我。

事儿都不是什么大事儿，但真正打动人心的正是这些平凡的小事。

2012年7月，阿五美食宿舍“员工之家”正式入住。我们去的时候，正是中午，宿舍里没有人。

环境优美的高档社区，简约舒适的装修风格，液晶电视、空调、沙发、洗衣机等配套设施一应俱全，贴心的被褥、洗漱用具等物品配备，酒店式的管家服务，营造一种“家”的氛围，很难想象这居然是一个餐厅的员工宿舍。

很多餐厅为了省钱，让员工住在地下室或者城中村的房子里，而且常被邻居投诉，迫不得已经常搬家。但阿五美食的员工之家，光是装修、配备家具电器就花了90多万。

樊胜武说“当初决定干这件事的时候，很多人不同意，但我觉得这钱，该花！”

一位英协路店中厨部员工告诉记者，“以前在其他公司上班，宿舍都是在城中村，环境很简陋，真没想到阿五美食的宿舍放在高档小区！”。

而建业路店一名员工则说“在阿五美食很多年了，从刚开始的简单宿

阿五美食“员工之家”

舍，到后来配备了洗衣机，再到现在还给宿舍配备了空调和沙发，还有40寸液晶电视，太令我们感动了！相信只要跟着阿五美食，肯定会越来越好的！”

公司总经理侯素梅说“员工是企业的组成部分，公司花费大量人力财力为员工新宿舍配备相关设施，就是为了给员工一种归宿感，让员工感受到企业的用心。”

阿五美食倡导，不但把员工当家人，更要把员工的家人当家人。

公司的发展离不开所有员工及家属长期以来的默默支持和无私奉献。每年公司都会组织管理人员家属联谊会，一起旅游、聚餐、发放礼品，并在过年时专程驱车到员工家里慰问，送去慰问金和礼品。

阿五美食员工家属联谊会

2014年春节，为了让员工家属实地了解公司和家人的工作环境，感受企业温暖，公司工会改变以往的慰问形式，专程把优秀员工的家属邀请到郑州，让大家一起来感受阿五。

亲切热情的接待、洁净舒适的住宿环境、精心设计的活动条幅、五彩缤纷的气球、搭配合理的晚宴菜单和数额丰厚的慰问金及礼品等，方方面面都足见公司领导对这次活动的重视。

有位员工家属说：“是阿五救了我们全家啊！我们家在洛阳农村，我身体不好，不能干重活，三个孩子都要上学，家庭负担很重。爱人刚来阿五时，大儿子要上大学，没钱交学费。来到阿五之后，孩子的学费交齐了，大学上完了，而且还娶了个有学问的媳妇，并且有了白胖的孙子。爱人在这里上班，我很放心，也很安心。”说着便流下眼泪。

福利

阿五美食始终坚信员工是企业最宝贵的财富。樊胜武说："只有企业爱员工了，他们才能从心底里爱企业，才能和你一起打拼事业。员工稳定了，事业才能做得长远"。

阿五美食为员工设计了多项福利、津贴和奖励，以情留人。

一、福利、津贴：

1. 固定福利

每月固定为员工发放生活福利品。

2. 免费工作餐

店内员工免费享受一日三次工作餐；

公司总部员工发放就餐补贴。

3. 工装、物品

免费为员工发放工装、工鞋、工号牌、员工手册等物品。

4. 意外保险

为上岗满一个月以上的员工办理意外伤害保险。

5. 社会统筹

对在公司工作满一年的管理人员及员工，依照公司规定办理社保统筹。

6. 健康体检

免费为员工体检并办理健康证，每年为公司管理人员免费体检一次。

7. 工龄津贴

员工在公司连续工作满一年后，发放工龄津贴100元/月，逐年递增，5年封顶。

8. 店庆奖励

店庆当月为员工发放成长金100元/年，逐年递增，5年封顶。

9. 住房津贴

向未在企业住宿的员工每月发放住房津贴100—200元。

10. 验货津贴

单店验货人员每人每月发放验货津贴200元。

11. 住店津贴

单店夜间住店安全员，每人每月发放住店津贴200元。

12. 宿舍长津贴

凡公司宿舍管理员（兼职），每月发放津贴100元。

13. 电费补贴

每年冬、夏季节，为员工宿舍补贴50%的电费。

14. 室外津贴

每年的1月、7月、8月、12月，室外保安员每人享受每月100元的室外津贴。

15. 通讯津贴

为管理人员或特定岗位人员每月发放50-300元不等的通讯津贴。

16. 汽车燃料补贴

公司对相关管理人员的私家车，给予每月500元的燃油补贴。

17. 培训

不定期为员工组织各类免费学习和培训活动。

18. 其他福利

每年组织两次军训、一次联欢晚会、一次运动会、一次户外旅游、一次管理人员家属旅游以及其他主题活动。

19. 入股

凡工作满一年以上相关人员均有机会认购新开店的股份。

20. 爱心基金

为贫困员工不定期给予各种形式的帮扶支持。

二、奖励：

1. 人才引进奖励

凡为企业引进人员出勤满1个月后，每月给予每人50元的人才引进奖；

2. 优秀员工奖

当月工作表现突出，被推荐为优秀员工候选人奖励50元；被评为“优秀员工”者，奖励100元，颁发荣誉证书、励志书籍，出席单店（部门）举办的庆贺晚宴；

3. 主题月活动之星

主题月活动表现突出被评为“主题月活动之星”者，奖励100元，并颁发荣誉证书、励志书籍，出席单店（部门）举办的庆贺晚宴；

4. 企业发展建议奖

提出合理化建议，经实施有显著成效，可获得“企业发展建议奖”，奖励100-500元，颁发荣誉证书、励志书籍，出席单店（部门）举办的庆贺晚宴；

5. 工作创新奖

工作中有创新，经实施有显著成效，可获得“工作创新奖”，奖励100 -500元，颁发荣誉证书、励志书籍，出席单店（部门）举办的庆贺晚宴；

6. 最佳团队奖

团结协作、执行力强的班组，可获得“最佳团队奖”，奖励200元，出席单店（部门）举办的庆贺晚宴；

7. 稿费奖励

所有员工均可向“阿五家园”或网站投稿，如作品入选刊登将获得相应的稿费；

8. 十大人物奖

每年评选“感动阿五年度十大人物”，候选人或获奖者在大型表彰会上，颁发奖杯、证书，分别奖励500-1000元现金及免费外出旅游，并在《阿五家园》及公司网站上刊登事迹；

9. 各类比赛的奖励

参加省级以上各类专业比赛获得金奖，为公司取得荣誉者奖励500-1000元或报销参赛费用；

10. 优秀厨师长、优秀服务之星、优秀厨艺绝技、优秀服务团队等

每年度根据工作表现评出优秀厨师长、优秀服务之星、优秀厨艺绝技、优秀服务团队等，在大型表彰会上分别奖励1000元，并颁发证书、奖杯及免费外出旅游一次；

11. 菜品研发奖励

①最终入选的新菜品，每个单品奖励100元；

②经过对菜品双月销量以及综合评定，评出奖项：第一名奖励600元、第二名奖励400元、第三名奖励200元；

③每年从入选菜谱的新菜中选出两道销售最好的菜品作为年度创新菜品，在大型表彰会上颁发证书、奖杯和1000元现金。

12. 其他销售奖励

根据不同的主题，对表现突出员工和团体发放销售奖金并奖励外出旅游、学习。

让员工得到的更多

在阿五美食总部搜集资料的时候，我看到了一份名单，是在阿五美食工作五年以上的员工名单，足足有一百多人。

中高层管理人员的流动率居然不足1%。

照理说，餐饮企业的人员流动率是很高的，阿五美食用了什么“手段”让这群人死心塌地的跟随呢？

我采访了英协路店店总经理刘晓瑞。

“2005年我从学校毕业，应聘了两份工作，一份工资两千多，一份却只有几百块。那时我对工作脑子里是一片空白和模糊，只是凭着初到阿五美食建业店时看到180平方米的店面虽小，却有着忙碌的氛围和积极向上的团队，我毫不犹豫地选择了这家每个月只有几百块钱的店面。”

“后来的一次调动，我被调到了英协路店，跟着当时的店总刘钢强学习，在刘总平时的细心帮带和谆谆教导下，我更加努力地工作，慢慢地从主管升到了前厅经理的位置，我接手英协店前厅整体管理工作后，时任店总的刘钢强和行政总厨姜战国，我们三人被称作‘阿五金三角’。”

“特别荣幸的是，2007年公司领导对我寄予厚望，给了我入股的机会，我清楚地知道公司入股机会难得，以我当时的状况，年龄又小，收入又不高，心里既感激又不安。后来，在领导、朋友、家人的帮助下，我顺利的入了股并成为公司的董事。从此，我更加坚信：在阿五只要你踏踏实实认真做事，就一定会给你超乎想象的回报。”

“在阿五，只要你做出一点点成绩，就会被领导发现，就会被戴上光环。前年我还是英协路店前厅经理的时候，公司就把我的事迹推荐到《餐饮经理人》杂志上，说得快、走得快、执行得快的‘三快’头衔引起了餐饮行业的广为赞誉；今年公司又推荐《郑州日报》采访我，用‘刘晓瑞说到做到，用激情感染员工，用行动践行管理’的大篇幅文章对我的事迹进行报道；2012年度十大人物评选，我又被金榜题名！”

“回想在阿五的这段历程，十分感慨。当初没看上两千多工资的企业，却选择了阿五，我还是有眼光的，选对企业跟对人，是我成功的法宝！在阿五，我找到了热爱的工作，有着稳定的收入，也有了自己的房子、车子和幸福的家庭。”

阿五美食的员工福利中有一项：员工入股。

樊胜武说“我要给大家提供创业的机会。”企业要想成功，必须要有一帮志同道合的人，做大家喜欢做的事业，最后分享成功。

除当初创业的建业店以外，其他店，员工都持有股份。让员工持有股份的做法，极大地调动了广大员工的工作积极性，有效发挥了员工的主人翁意识。

“爱你的员工吧，他会百倍的爱你的企业。”——员工至上，让一个人的事业，变成一帮人的事业，这就是阿五美食迅速发展的经营要诀。

陈铁林，阿五美食行政总厨。

“我跟着阿五快十年了，这十年我自己的生活也发生了翻天覆地的变化，公司出钱让我去各地参加比赛、表演厨艺绝技，还获得了马来西亚精厨争霸赛特金奖第一名，马来西亚的报纸头版就刊登了我表演时的照片！除了自己技艺水平的提高，我还去了泰国、新加坡等很多地方，这在以前是根本不敢想的事。而且现在我在郑州买了房子、买了车，还入了股，转身成了企业的主人。如果当初没有来阿五，指不定现在混成什么样呢！”

李书胜，阿五美食北京阜成路加盟店厨师长。“我在阿五学会了表演厨艺绝技，公司还让我去全国各地表演。2013年，我代表公司参加了马来西亚美食节，在世界各国朋友面前表演绝技，还参加了精厨争霸赛，获得了特金奖，这是我至今获得的最有分量的一块奖杯！”

王金科，现任公司副总经理。“我来阿五美食也有十年了，刚来的时候，只有建业路店一家店，我还传过菜、拖过地、修过灯泡、掏过下水道，一晃十年了，我成为了公司的管理层，还入了股，这十年让我明白一个道理：只有公司好了，个人才会好。”

党元，现任公司副总经理。20年前，党元和樊胜武是同事。阿五美食创立后，党元加入了阿五团队。我问党元“当时你的工作稳定，薪水也高，阿五美食不过是一个刚起步的小店，你为什么要选择来这里？”

党元说“主要还是樊总这个人，他对餐饮业的热爱和执著让我相信跟着他一定会干一番大事儿，也没想着以后会怎么怎么样。”

谈到这些年在阿五的变化，党元说“物质和精神生活水平大大地提高了。”

杨丽，现任公司人力资源部经理。“十几年前，我和樊总是同事，他是行政总厨，我那时才20岁，是个仓管员。他成立阿五美食的时候，问我愿不愿意过来，我当时也犹豫过，又想反正到哪都是工作。来阿五美食后，服务员、保洁员、收银员基本都干过，哪儿需要人就去哪儿。”

“后来做到了单店的总经理，随着公司发展越来越大，我来到了总部，一直到现在。有时候想想，特别庆幸当初的选择。”

我问“如果现在有人高薪挖你，你会离开么？”其实这个问题我只是例行问一下，我知道不论谁面对这个问题都不会说离开的。

不过让我没想到的是，她居然认真的想了很久，说“不会，离开阿五，我什么都不是。”

樊胜武说“在哪里都是给别人打工，员工为什么跟着你？因为跟着你能得到他自己想要的。所以，要留人，就要让员工得到的更多。去别人那里是打工，可是在阿五美食，员工可以成为股东，性质不一样。自己家的活儿还干不完，怎么会去别人家呢 。”

“玩儿”

阿五美食的员工会工作，更会玩儿。这是采访中一位餐饮同行说的话。

没错，不但会玩儿，而且公司鼓励你“玩儿”。

每年，阿五美食总部组织员工户外春游、一年两次军训、全国运动会、阿五“春晚”——颁奖晚会、阿五达人秀，还有不定期举行的技能比武、演讲比赛、摄影比赛、冬至包饺子、给员工过生日等，让员工的业余生活更加丰富。

郭朝辉，阿五美食天泽街店凉菜主管，也是阿五美食的明星人物。

“2008年春节的时候，我在晚会上唱了一首《在他乡》。第五届秋季运动会上，我担任运动员代表宣誓人，2008年我和同事自编自演的小品《招聘》在感动阿五十大人物颁奖晚会上演出深受好评，2013年秋季运动会上，我在羽毛球比赛中获得亚军……我在这里不但能上班赚钱，也玩儿高兴！”

阿五美食员工活动丰富多彩

要让员工安心，必先让员工安身。

阿五美食每月都有主题活动，以2014年为例。2014年是阿五品牌创立十周年，主题年为“品牌提升年”，侯素梅说“所有阿五人更应该苦练内功，不断进步，用优质的服务、高品质的菜肴和精细化管理来进一步提升品牌影响力。”

以下为每月主题活动。

一月，年度总评月。本月各级人员进行年度工作总结，根据年度工作计划落实各项工作的进展，进行纵向、横向的综合评定，推选出年度优秀代表。

二月，团结协作月。只有完美的团队，没有完美的个人，本月希望各部门加强团结协作，出色完成上级交办的各项工作。

三月，感恩回馈月。在阿五品牌创立10周年的大喜日子，公司将联合政府和行业协会举行“让世界品味中原”系列活动并举办相关感恩回馈活动。

四月，技能提升月。本月将开展全员技能培训和比武，营造比、学、赶、帮、超的学习氛围，同时加大各项业务技能的培训力度，达到全员提升目的。

五月，拓展训练月。本月通过户外拓展训练旅游，提升个人身体素质，锻炼意志，强化团队凝聚力、战斗力。

六月，低碳环保月。在工作和生活中强调低碳环保意识，提倡节约美德，一滴水、一张纸、一度电甚至每周少开一次车，都是对低碳环保事业的支持，对后代生存环境的关爱。

七月，才艺展示月。本月通过开展各类才艺展示活动，全方位展示阿五人个人才艺和多姿多彩、奋发向上的精神风貌。

八月，企业文化月。企业文化是企业的核心价值，也是每个阿五人应当熟记于心的。本月将针对“企业文化、人生价值、职业素养”等方面进行培训，每个人以实际行动践行诺言。

九月，全员健身月。增强全员健身意识，提高全员身体素质。本月将举办一年一度的运动会，全员参与，各展风采，向健康、快乐出发。

十月，全员比武月。技能是一个人赖以生存的基本能力。本月通过培训和全员比武，提高各岗员工业务水平和技能，以此带动各项工作质量的全面提升。

十一月，安全保障月。杜绝安全隐患，是企业经营的保障。普及安全知识，提高防范意识，全面安全大检查，为企业创造一个安全、和谐的经营氛围。

十二月，目标计划月。秉承“先规划、后执行”的原则，本月全员进一步了解本职岗位职责和工作标准，并列出个人职业规划及团队下一年度的各项计划。

我问“这些计划都能一一执行么?”

侯素梅说“能!”

他们的梦想

梦想从脚踏实地开始

刘钢强

我来自于农村，是典型的“草根”家庭出身，在进入城市之前，我的梦想很简单，就是要像一个城市人一样活着，脱离父辈那种“面朝黄

土，背朝天”的农耕生活，经过这些年在郑州的努力，我做到了。但我在内心又觉得自己失去了些什么。时移位移人易，一切都在变，我的心在变，视野在变，而认知也在变。这就好像做了父亲后，才能理解父亲当年对我说的话。

回想我自己走过的路，现在可谓是感慨良多，从对餐饮一窍不通的小服务生，到大酒店干练的前厅经理，再到五星级大酒店的一名高管，直至加入阿五美食，如果不是一个做餐饮的梦想在支撑着我，我想，我的人生也许会是另一番样子。

前些时，看了一部电影叫《致我们终将逝去的青春》，感触很深，所谓白驹过隙，时间真的不等人，青春的年华转瞬即逝，未来对谁来说，都不会是慷慨的等候。

人们总是说往事不堪回首，是因为那些美好的梦想、无限的希望，已经被现实残酷地打碎了，如泡影一般，破灭了，没了影踪。只能面对镜子叹息：“我的人生怎么会这样”，所以，为了不让自己的人生有这样的遗憾，就只能不断地去努力，通过自己的奋斗，来改变自己的命运。

因为每个人的悟性、偏好、定力、能力有所不同，每个人的境遇有所差异，所以，既定的人生目标就会有所变故。

于是因为无助、无奈、变迁等诸多因素而放弃自己初衷的人众多；而坚持、忍耐、勇于践行自己梦想的则甚少。所以能最终成功的人，一定是那些不断超越自我的人。

成功是需要不断地去超越，对于一个人是如此，对于一个团队，更是如此。我们阿五团队，就是一个能不断超越自我的团队，从最初的几十个人，到现在的4000余人，以前，我们的队伍中也不乏“橡皮人”的存在，但我们有强大的复兴豫菜的梦想作为信念支撑，有具体的目标作为行动的引导，更有对当下工作点点滴滴的把控，所以，我们的成功是顺理成章的，因为，只要插上奋斗的翅膀，我们就一定会飞翔。

在阿五干一辈子

刘瑞霞

我原来在国营纺织厂工作，单位效益不好的时候，就得轮流回家休息，休息就要扣工资，我靠工资来养家糊口，当然不满意，心想：什么时候能有一份工作，能安心、踏实地干下去多好。后来单位破产了，我成了一名下岗工人。

2008年经同事介绍，我来到阿五上班，做了一名仓库保管员。来了之后才感受到，我终于找到了理想中的工作，而且公司经济效益很好，日益发展壮大，再也不用担心下岗失业。

上岗后，我认真跟着原来的仓管老师学习认识原料、调料，学会了验货、发货、算账、下账，每天过得忙碌而充实，同事对我都非常热情友好，公司关爱员工，管吃管住，每天的职工餐营养、丰富、可口，我渐渐爱上了这个企业，爱上了自己的岗位，认真学习企业文化，学习业务知识，不久便能独立工作了。

后因工作需要，我又被分别调到英协路店、陇海西路店、阿五·中和会。后两个店都是新店筹备，新店开业对我来说是个极大的挑战，我曾经犹豫过，但觉得这是领导对我的信任，作为公司的员工，又是共产党员，要有哪里需要哪里搬的精神，我愉快地接受了这些调动。

新店筹备需要储备大量的物品，每天都在不停地收货、验收、入库、入账，没有出丝毫差错，尤其是中和会是夏天开业，经常忙得一身汗，但是看到仓库建设得有模有样，干净整洁，那种自豪感和成就感难以用言语表达，尤其是得到了领导的认可和表扬，多有的苦累都成为浮云，怎么着都值了。

在阿五工作的这五年多，我一直跟随企业进步着，成长着。我从对餐饮行业一窍不通的门外汉，到现在独立管理仓库、井井有条；从原来的手工记账打单，到现在的电脑记账、制作报表，做到了仓库管理现代化。在今年四月份的技能比武中，我还取得仓管比赛第一名的好成绩。我可以自豪地说：我是第一个干过阿五旗下所有品牌店面的仓管。最让我兴奋和激动的是，我成为公司的一名股东，就如董事长所说，我现在不仅仅是在就业，已经是在创业了。

从一名员工变成了小老板，这是我一辈子没有想、也不敢想的事情，但在阿五实现了。没有阿五就没有我的现在，我一定与时俱进，认真学习，努力工作，在阿五好好干一辈子。

我想让儿子来阿五上班

王翠占

前段时间，我们搞店庆，董事长说今年3月份要为在阿五工作满十年的员工颁发元宝，听得我心里真是痒痒。不说它值钱不值钱，那也是光荣

呀。我也想捧一个黄灿灿的元宝回家，所以我现在希望阿五越做越好，我就跟着阿五一直干，干满十年了，我也抱个金元宝，甚至将来能抱个金砖抱回家！

我来阿五干保洁已经快5年了，来阿五以前，心里也没有什么太多的想法，就是想找个稳定一点的工作，好好干，干出个名堂来，让家里的日子好过一点，也让孩子们能够多读点书，多学点知识。

后来姚总介绍我到阿五工作，来了以后我就不想走了，觉得在这边上班真的比在哪儿都开心。

在阿五生活什么都可好，每天吃饭都是四菜一汤，比我们在家时吃的饭还好呢。姚总对我们也特别好，知道谁没吃上饭，就会让厨房单独给他做；发现谁不舒服，就会让他赶紧去看病。有一次我们店里一个同事生病了，姚总还带着我们去医院看她。我也不求别的，领导对我们好，我就愿意跟着他一直干下去。而且，我们员工相处得特别好，我们这些保洁呀还有那些前台的小姑娘，每天都是说说笑笑的，这样的话，干活时也觉得可舒心了。所以我都不愿意回家了，甚至过年我都不想回去。

以前我过年都不回家的，年三十儿，我们店里的员工聚到一起，领导挨个给我们发红包，大家在一个大包间里吃饭，一大桌子的菜呢，什么都有，比我们在家都丰盛，大家说说笑笑的，就跟一家人一样，可开心了。要不是这两年大儿子结婚了，要回家看孙子，我现在过年也不想回家呢。

家里人知道我在这边工作什么的都好，也都很支持我。我家大儿子说：“虽然你在阿五只是个普通保洁员，但还供了我们家一个大学生呢！”家人的支持让我没了后顾之忧，就想着在这边好好干呗。就因为觉得在这边工作很好，所以我介绍了好几个熟人来这边上班了。

就梦想来说，我也没有别的想法，觉得在阿五比较稳定，也比较开心，就想着在这边能够一直干下去。十年了二十年了能抱个金元宝回家，想到这里我就觉得高兴。我还有另外一个想法，我小儿子现在在辽宁读大学，等他毕业了，我还想让他来阿五上班呢！因为阿五以复兴豫菜为使命，发展很好，而且我想让儿子来阿五上班。

我要在郑州买房

张俊

2005年9月，怀着对外面世界的憧憬，我离开了故乡，只身来到郑州，高中没有读完的我，当时的梦想就是能找到一份好工作，经过一番努力，我进入了阿五，也算是如愿以偿了。更想不到的是，我在阿五一干就是8年，并在这里结识了我的爱人，组建了现在的家庭。

梦想可能有点虚幻，但每个人都该有梦想。我也有梦想，或者直接说是目标吧，我的目标就是：买套房子，在郑州定居下来，给我爱人一个稳定的家。

郑州的房价很高，作为一个普通的店员来说，这可能是个梦想，不够现实。但我觉得，有了这个梦想，生活就有了盼头，我也相信，随着阿五品牌的壮大，我这个目标一定会实现的，我们所有阿五的普通员工都会买起房的。

我是一个比较踏实的人，从传菜员到主管。8年来，我和公司风雨同舟，一起成长，见证了许多辉煌，让豫菜站起是我们阿五的梦，而我的梦，就藏在这其中。我觉得，梦想虽然美好，很值得我们去畅想，但更重要的是把握现在，因为，再伟大的梦想起初也只是一个幻想而已，落实下来，还是要从现在做起。我习惯把梦想细化，分解成一个个目标，循序渐进，一个个地去实现它们，让自己不断地进步，最终达到一定的高度，到那时候，或许这个梦想也就触手可及了。

对现在的我来说，几乎没时间奢谈梦想，因为现在店里的工作比较忙，我爱人马上也要生小孩，我能做的就是努力干好本职工作，做好迎接新生命的准备，积极做一个合格的丈夫和父亲，为家人提供更好的物质生活。这就是我近期的目标了。等这些事情都处理好了，我可能才有精力去考虑别的事情。买房子什么的，还是要一步一步来。

要想实现自己的梦想，总归还是要落实到每天的工作上，虽然我现在还只是一个小小的主管，但我相信只要努力，梦想总有实现的那一天，只不过是时间的问题。勤勤恳恳、踏踏实实就是我未来努力的方向，我希望能够通过自己的努力，最终能够有一番作为，实现自己人生的梦想！

【第六章】

让世界品味中原

如今，说阿五美食是新派豫菜的一面旗帜，恐怕业界没有人再提出异议，因为如此宏伟的阵仗，实在难觅其二。

有媒体采访的时候，和樊胜武有这样一番对话：“以你目前的企业规模，你的流动资金应该不少于五千万吧？”樊胜武轻轻摇头，“5000万的10%都不到。”做企业十年，40多家店，也有朋友和同行给他开玩笑，“你的身价应该过亿了吧，你看那么多家分店。”面对这种说法，樊胜武从不解释，因为，他并不太关心利润，并不关心有多少资产，别人是在做企业的，而他是在做事业。

复兴豫菜的事业。

借力打力唱大戏

樊胜武的精明，“路人皆知”。他最拿手的便是借力打力，从他一手策划的活动可见一斑。

2007年10月，第十七届中国厨师节在南宁举办，樊胜武除了带队参赛之外，还装着另外一桩心思。

和其他选手不同的是，樊胜武带着他的全班人马提前到达之后，首先做的一件事是“勘察地形”，先弄清会场设在哪里，与会领导的行走路线，有点“渡江侦察记”的意思了。

另外，自己带的人员也做了详细分工，谁拉横幅、谁引领来宾领导、谁递笔、谁拍照、谁录像、谁赠送纪念品等等。

这伙人到底在折腾什么？

原来，和樊胜武一起南下的，还有一幅“弘扬豫菜万人签名活动”的大条幅。南下之前，阿五美食制作了这个横幅，利用这次难得的万人集会，在全国的同行面前，打出“复兴豫菜”的旗号。

第17届中国厨师节“弘扬豫菜万人签名”现场

会议当天，樊胜武带领一班人马提前半小时入场，横幅就拉在领导、大师们进入主会场的必经之路。所有人员按照预先的布置全部到位，这时大师们开始陆续到场，一切尽在意料之中，领导和来自全国各地的几百名烹饪大师几乎全部在横幅上签名留念，几百张珍贵合影和录像也成为阿五美食新的企业收藏。

与此同时，这个由阿五美食独家“制造”的活动成为厨师节的开门头彩，吸引了嗅觉灵敏的新闻媒体，当樊胜武从南宁回到郑州，他的头上已经多了一顶“豫菜复兴第一人”的桂冠。

任何一个餐饮企业恐怕都没有能力召集千余名国内顶级大师为其一次小小的活动捧场，樊胜武却以少得不能再少的投入做到了，而“品牌”自然就是水到渠成的事。

巧借东风

樊胜武具有很敏锐的判断力，对任何一个宣传豫菜的机会都不放过。他不但能借力打力，还能“借东风”。

2008年7月17日，就在奥运圣火抵达郑州的前几天，樊胜武又不“安分”了。他联合河南省餐饮与饭店行业协会主办了“阿五杯”奥运主题烹饪大赛。

中共河南省委党校原常务副校长、党委书记王春峰说“当时我以河南省餐饮与饭店行业协会常务副会长、大赛组委会副主任的身份参与了大赛全过程，此次活动主题立意高、作品质量高、奖金额度高、组织规格高，至今已过去五年之久，但大赛的动人场面和鲜明特点让我记忆犹新。”

“阿五杯”奥运主题烹饪大赛现场

那次活动中，樊胜武组织人

员耗时3天用面条制作完成了一个1米宽、1.3 米长的国内最大的“可以吃的鸟巢”，第二天，河南几乎所有的报纸都在头版头条刊发了一张大幅照片：人头攒动中，一个面目慈祥的老奶奶抱着小女孩触摸鸟巢。

“阿五杯”奥运主题烹饪大赛立意高远，参赛作品不仅色香味要符合“五味调和，质味适中”的豫菜特点，在造型上还要充分融入奥运元素。选手们发挥各自的想象力，制作出了众多具有奥运特色的作品，如五环旗、奥运吉祥物、奖牌、鸟巢、水立方、射箭、举重杠铃等，个个栩栩如生，让人叹为观止。

“阿五杯”奥运主题烹饪大赛参赛作品选登

王春峰说“为了提高大赛的权威性和影响力，大赛邀请了原河南省人大副主任宋国臣先生、中国第一位世界射击冠军巫兰英女士和河南省餐协主要领导组成大赛组委会，聘请中国烹饪大师、餐饮业国家级评委组成评审小组，保证了大赛圆满成功。这次大赛规格之高，是河南餐饮业烹饪比赛的一个里程碑。”

据了解，大赛共有来自全省的60名选手参加，单项奖金高达10000元，这个额度创造了当时全国餐饮界大赛奖金的最高纪录，至今无人打破。

赛前，很多人质疑此次比赛的公正性，认为“你们自己办的比赛，谁得奖肯定是你们自己说了算。”最后，第一名被煜丰美食的厨师摘得，奖金当场兑现！

有些人开始不理解了“这不是钱多得没地方花了嘛！”。

烩面也能天下第一？

在阿五美食，有很多“天下第一”。

比如厨艺绝技“吹面大气球”的世界纪录、第一个走出国门的豫菜餐饮企业、第一个获得“国际中餐名店”的河南餐饮企业……今天我要说的，是河南人最爱吃的——烩面！

烩面也能天下第一？

是！

时间翻回到2012年10月。

第二十二届中国厨师节在河南开封举办，这是国内最大的餐饮盛会中国厨师节第一次在河南举办。来自全国三十多个省辖市、自治区及韩国、马来西亚等地的三万余名烹饪大师、餐饮精英齐聚汴京。

这样的好机会，身为策划高手的樊胜武自然不会放过。

活动现场，一口直径3.15米、深0.7米，可容纳近三吨高汤、供

1000人品尝的“天下第一锅烩面”吸引了众人的眼球。阿五美食几十位厨师参与制作，选用300斤优质面粉手工制作的河南烩面，配上羊肉、粉条、香菜等制作而成，现场免费品尝。

浓郁的香味吸引观众早早排起了长队，队伍长达100多米，厨师们现场表演起了拉烩面绝技，烩面在厨师的手中时而上下翻滚，时而如蛟龙出海，时而顺手牵羊，仿佛在欣赏一组优美的舞蹈，引得台下观众争先拍照，并爆发出一阵阵喝彩声，现场好不热闹！

据了解，此烩面已申请国家专利和吉尼斯世界纪录，也是迄今为止全国最大的一锅烩面。

活动期间，阿五美食天下第一烩面共免费送出了8000余碗，很多观众品尝后竖起了大拇指“不愧是天下第一烩面！”各界领导和嘉宾也专程莅临品尝，对汤肥肉瘦、浓香爽口的河南烩面赞不绝口。

河南井田文化传播有限公司董事长胡建强说“天下第一烩面在全国观众面前为河南餐饮行业挣了不少脸面，后来，这口大锅我屡‘借’不爽，大河火锅节、中原美食节，这口‘中原第一锅’为河南餐饮立下了汗马功劳。”

2013年中原美食节上，“天下第一烩面”重出江湖，很遗憾我没有亲眼见到这个“大家伙”，只能从以往的照片上欣赏他的风采了。

第22届中国厨师节，天下第一烩面前人头攒动

厨艺绝技轰动上海滩

听说阿五的厨艺绝技曾在上海世博会上表演，我还不相信，世博会是什么地方，那可是世界级的舞台。

阿五美食董事长助理刘斌说“其实在世博会‘河南文化周’节目组中初期并没有阿五美食。在得知要组建这个节目组时，樊总立刻安排我和省商务厅联系，把厨艺绝技表演的光盘送给省厅领导观看，向他们介绍河南的饮食文化。”

“随后，河南省商务厅相关领导专程来到总部考察，现场观看绝技表演，表示‘这么精彩的表演，不去世博会可惜了’。最终，省里领导决定把河南的饮食文化推到了世博会的舞台上。我们便代表河南去了世博会表演。”

我和助手观看了那次活动的照片和资料。

在世博会宝钢大舞台演出区举办的“品味中原”河南省民俗文化展演现场，厨艺绝活、武术、太极拳、魔术、民俗等河南绝活儿一一上演，让世界游客感受到古老东方文明与现代城市文明相融凝结而成的中原风情、河南魅力。

来自中华(阿五)厨艺绝技表演团“身怀厨艺绝技”的8位烹饪大师亮相舞台，整齐的中国风雪白厨师服、高耸的厨师帽，精神抖擞。助手对我说“周老师，他们说得没错，阿五的厨师的确很帅！”

在首场烹饪绝技表演现场，樊胜武亲自操刀主持，诙谐的语言和大师们精彩的绝活表演，让现场气氛热烈，高潮不断。一位厨师表演的脚踩钢刀气球上切肉丝，只见师傅赤脚站立在四把锋利的钢刀之上，把气球放在钢针上切肉丝，我光是看着就觉得一身冷汗了。

中华(阿五)厨艺绝技表演团在世博会表演

另外，还有一根面、拉龙须面、美女背上切肉丝、大刀面……看的人目不暇接，大呼过瘾。在中华（阿五）厨艺绝技表演的七天里，场场爆满，现场很多媒体纷纷报道，腾讯网在新闻首页头条对活动进行报道，用的就是阿五美食表演的图片。

太极拳第十一代嫡宗传人、首批国家级非物质文化遗产项目——陈氏太极拳杰出传承人陈正雷先生说"五天二十场的表演，观众场场爆满，剧场负责人高兴地说：河南的节目最受欢迎，真正的让国内外的观众领略了深厚的中原文化内涵。故有：听-中原古韵之悠远；观-陈氏太极之正宗；看-少林功夫之雄风；品-阿五烹饪之绝技；赏-农民魔术之风采之说。"

在外人看来，樊胜武是个很"出格"的人，在我看来，他只是对自己从事的事业太过热爱。

他把很多的精力都投入到了豫菜的宣传活动中，联合协会、媒体、同行等共同做有影响力的活动，先后举办了"阿五杯奥运主题烹饪大赛"、"挑刺有礼"、"真假食材大揭秘"、"厉行节约、拒绝剩宴，争做光盘族"、"时尚菜品发布会"等系列活动，让来自全国各地的餐饮同行对阿五美食、对豫菜都留下了非常深刻的印象。

这风光的背后，却是樊胜武和他的企业数百万的投入、上百人的忙碌，个中辛苦，谁人能知？

但樊胜武却说："让全国同行对豫菜都有一个全新的认识，值！"

HIGH爆澳门

2009年，世界中国烹饪联合会第五届二次理（监）事会在加拿大温哥华举行。那次会议上，樊胜武结识了澳门餐饮业联合商会理事长李汝荣先生，李先生当即邀请樊胜武带领中华（阿五）厨艺绝技表演团赴澳门表演。

那次表演，第一次让澳门观众领略了中原文化的博大精深，在当地引起巨大轰动。2010年，第十届澳门美食节筹备期间，澳门餐饮业联合商会再次向河南发出邀请。

阿五美食承担起河南代表团的组织筹备工作，阿五美食、厨乡美食、龙祥宾馆、老侯家、煜丰美食等12家豫菜名店开赴澳门，阿五美食首次打出了“河南美食抱团打天下”的口号。

澳门，就是第一站。

11月5日——21日，第十届澳门美食节在澳门盛大举行，首次抱团打天下的“河南美食”亮相澳门。17天，河南美食街的12家参展企业展台前，每天都有大批的游客来品尝豫菜美食；17天时间销售金额突破100余万元！

2010年澳门美食节河南美食街盛况

澳门特首崔世安先生也亲临河南美食街，崔世安先生饶有兴致的到河南美食街商家摊位前品尝，对河南美食竖起了大拇指。

樊胜武与首任澳门特首何厚铧先生合影

澳门特首崔世安先生参观并品尝阿五美食

先后两次亮相澳门美食节的中华(阿五)厨艺绝技表演团再度成为焦点,他们表演的"脚踩钢刀气球上切肉丝"、"吹面气球上切青菜"、"大刀面"、"高跷花样烩面"、"拉龙须面"等一个个绝活,让澳门市民和来自世界各地的美食爱好者大饱了眼福,目不暇接,大呼过瘾。

澳门餐饮业联合商会副理事长王凌冰女士说"那个过程阿武(樊胜武)投入了巨大精力,从前期的组织策划,到各种产品的设计制作,还有在美食节现场搭建展台、人员调配阿武样样仔细把关、精益求精。正是因为他的努力,使得中原文化在澳门的推广获得巨大成功。那极富地方特色的大牌楼,至今仍为同行津津乐道。"

河南美食街整体的大宋风格,仿古建筑的美食展台,古朴典雅,在美食节闭幕式上,由阿五美食设计的河南美食街获得了本次美食节唯一的"设计一等奖"。

回想当年的盛况,樊胜武说"这次豫菜餐饮企业首次抱团走出去,便获得了这么大的收获,我们是没有预料到的,也增加了我们的信心。在美食节上收到了台湾地区、马来西亚等国家的邀请,为后来的走出去打下基础。"

献艺美国

在第50期《阿五家园》上看到一篇樊胜武写的文章《海外中餐期待大品牌》。

樊胜武说"全世界中餐馆有近20万家,但有一个很尴尬的现象,就是国外几乎没有上规模的中餐馆,环境差,菜品落后,更谈不上个性化连锁大品牌了。"

在很多外国人的眼中,中餐就是廉价的代名词,很大一部分原因便是缺乏宣传,中国博大精深的烹饪文化被忽视,刀工、火候、制汤、调味等高超技艺和精致的造型等文化内涵在美国却很少有深入的研究和推广。

2012年2月13日，以“魅力中餐、文化盛宴”为主题的全美中餐烹饪文化、技艺交流大会在美国纽约万豪国际酒店拉开帷幕。阿五品牌创始人樊胜武先生受邀赴美国参加此次交流盛会，表演精美菜肴和厨艺绝技，赢得了与会嘉宾的高度评价和阵阵掌声。

樊胜武赴美国表演

此次交流活动得到了美国当地的广泛重视和知名媒体的高度关注，美国前劳工部副部长莫天成先生，中国驻纽约总领事馆参赞徐兵先生，纽约市、佛罗里达州政府官员以及来自在美国各州的近二百余名中餐业同仁出席大会。

中央电视台、星岛日报、世界日报、纽约中国广播、华尔街日报、Nation’s Restaurant News，Food Arts，Food & Wine Magazine，Restaurant Business Magazine，ICN，NDTV等20余家知名媒体对活动进行了现场全程跟踪报道。

樊胜武说“此次代表中国赴美参加厨艺交流活动，传播中国烹饪文化，是豫菜又一次站在世界的舞台上，让更多的人了解中国饮食文化，提升了中华美食在世界的知名度和美誉度，作为一名中国厨师感到无比的骄傲和自豪；同时，在美期间代表团还考察了华盛顿、洛杉矶等美国餐饮业，体验到了美国不同的饮食文化，为中餐的发展模式提供了良好的借鉴，有利于提升中餐科技创新和发展水平。”

洛杉矶当地华人王力军先生特别喜爱中餐，尤其是河南美食，他希望阿五美食能到美国开店。

2014年，经过两年的等待，阿五美食终于在万众期待中落户美国洛杉矶，让我们期待豫菜风暴席卷美国吧！

豫菜“四大天王”

采访期间，我翻阅了大量资料，包括媒体对樊胜武和阿五美食的报道。其中《大河报》的一篇报道引起了我的注意。

因为，报纸上提到了豫菜“四大天王”。

2012年5月1日，被誉为“世界餐饮业奥运会”的“第35届世界厨师联合会代表大会”在韩国大田市举行，来自世界100多个国家和地区的数千名顶级烹饪大师、餐饮精英齐聚一堂。

豫菜“四大天王”
左起：顿玉松、樊胜武、李志顺、陈伟

来自中国的烹饪大师樊胜武、李志顺、陈伟、顿玉松齐聚亮相，他们身着统一的白色厨师服，谈吐优雅，行动有序，一度成为会场的焦点，被媒体称为豫菜的“四大天王”。

在闭幕晚宴上，其他人都因白天舟车劳顿地参观而放松下来，“四大天王”却变戏法似的重新装扮一新，女士们换上了华美的礼服，小伙子们拿出了非常专业的摄影摄像装备，四位大师则捧着河南代表团的横幅请中外嘉宾逐一签名。

世界厨师联合会主席盖德曼德森先生在条幅上签名

世界厨师联合会主席盖德曼德森先生也高兴地签下了自己的名字，他说，在本届大会上看到中国代表团展示出这么大的魅力，非常高兴，希望能亲自到河南，好好品尝豫菜美味。

世界中国烹饪联合会秘书长尚哈玲女士也对河南餐饮代表团和“四大天王”们竖起了大拇指，她说河南代表团不只代表河南，更代表了中国餐饮的新形象。

写到这里，我不得不感慨：阿五美食的公关做得太到位了！

韩国中餐烹饪协会会长吕敬来先生说“河南代表团的四位大师身着统一的中式服装，非常帅气，他们与各国烹饪大师互相交流，互赠礼物，表现出高度的职业素养，为‘韩流’盛行的会场带来一股浓郁的‘中国风！’河南代表团成为会场中的大明星。”

在伦敦遇见阿五

奥运会和豫菜好像没有关系吧？

恩，没有关系。

不过那只是对普通人，樊胜武不是。

2012年7月18日，伦敦奥运会前夕，经过近半年时间的策划、组织、协调，“豫菜抱团打天下”系列活动在英伦三岛上演。

本次“河南美食奥运行”经英国北部爱丁堡——格拉斯哥——纽卡斯尔——曼彻斯特——伦敦，每一站都留下了“豫菜美食和中国味道”的身影。

在被英国业内人士称为“伦敦之外的中餐最集中之地”的纽卡斯尔(Newcastle)唐人街，樊胜武等七位豫菜大师和当地餐饮业专家、企业掌门等进行座谈会，大家对在英国开设豫菜餐厅非常感兴趣。两个小时的交流大家意犹未尽。

七位豫菜大师在中国驻英国大使馆前合影

左起：展少文、成国富、樊胜武、李志顺、陈伟、顿玉松、张仁平

在伦敦，七位豫菜大师各显身手，大展厨艺，真正让英伦领略了一次美食中国风。很多外国人驻足观看，众多国外游客纷纷与大师们合影，还有人当场订餐，想要吃到大师们亲自做的美味豫菜。

中国驻英大使馆一等秘书兼领事赵磊先生、凤凰卫视欧洲台记者段燕、伦敦华文传媒界著名美食专栏作家杨如山以及来自英国河南同乡会、上海同乡会、台湾同乡会、东方航空负责人、中直企业的数位老总等莅临活动会场，河南电视台派往伦敦奥运会的一个采访小组闻讯后也赶来会场，气氛热烈。

中国驻英国大使馆领事赵磊说：“河南是中华文化发祥地之一。这一次大师到访，是‘破冰之行’，希望下一次，大师们能向英国餐饮界更好地展示河南美食。”赵先生半开玩笑道：“这种活动很好，要多做。下次能组织好，可以把‘英伦三岛’震遍。”

“中原七侠”伦敦献艺

英国全英河南同乡会会长焦建功先生

说“我热切的期望能在伦敦的大街上，带着一群英国朋友走进飘着家乡味的阿五美食，吃上一顿美味可口的家乡菜，一解思乡之愁，然后骄傲地告诉英国的朋友，这就是最正宗的中国味道！”

中原七侠传

文|摘自《大河报》

自爱丁堡—格拉斯哥—纽卡斯尔—曼彻斯特，最后抵达伦敦，七位大师，身怀绝技，个性迥异，一路探访奥运比赛场馆，与中外餐饮大家海外华人交流学习，向全世界张扬豫菜魅力。

霸气威风 樊胜武

樊胜武，阿五美食创始人。自2004年至今，阿五美食已开设40余家连锁店，创造了豫菜连锁新纪元。他的目标，剑指清末民初豫菜馆厚德福，它，曾是全国NO. 1。

樊胜武，1969年出生于长垣，为了“能多吃口好的”迷上厨师行业。1995年，26岁的他，成为河南五星级饭店里的第一个中方总厨。2004年他创牌阿五美食，风生水起。他不满足一己兴盛，2009年，他喊出“豫菜要站起来，走出去！”。从樊胜武单枪匹马闯迪拜，到“豫菜四大天王”韩国之行，到此次中原七侠奥运行，河南大厨，抱团气势已显现。樊胜武气场强大掌控力极强，堪引领江湖群雄，此人，尽管“笑靥如花”颠倒众生，实则霸气威风！

大哥风范 张仁平

张仁平，郑州人。经历如同名字，十分平顺。个性亦如名字，仁义十足，做菜更有天分。1993年，他第一次参加全国烹饪比赛，热菜冷拼均获银奖，同时成为“省级新长征突击手”。他道：“豫菜发展正当时，它博大精深，‘五味调和，质味适中’，四方皆宜。吃豫菜，是吃其本味和营养，常吃豫菜才能长寿。此次来到英国，希望能留下几道经典豫菜。”

国宴骄子 李志顺

李志顺，郑州颐顺轩餐饮有限公司董事长。打破郑州高端餐饮业中“燕翅鲍”一统天下，是郑州高端餐饮业的一个风向标。李志顺是国宝级大师侯瑞轩的关门弟子，两人名为师徒，情同父子。侯大师教做菜，更教做人。李志顺说侯大师告诉自己“厨师是勤行，要把菜做得出神入化，就必须拿菜当命来做”。而李志顺一生恪守师嘱，菜比天大，以菜当命。

“烹坛圣手”顿玉松

顿玉松，煜丰美食创始人。他衣着时尚考究，表演时镜头感很强，有明星范儿。顿玉松打造的是新概念豫菜，他会把最熟悉的菜变陌生风景，游刃于传统与现代之间。他的煜丰烤鸭，一只经过十三道工序，道道有标准，细致到“充气时，很多人凭经验，我们用压力表。”“上帝活在细节之中”，这是管理学上的经典语录。

“五世名厨”陈伟

陈伟，开封五代名厨世家的传人，曾祖为慈禧制作过御膳。这个家族，被央视《人物》制作的专题称为“100年才开一朵花”。现任郑州和会馆总经理，他是世家，有一种内敛的自信甚至骄傲。他说：“我有一个梦想，踏踏实实做好自己的品牌，创造一家百年老店，爷爷当年在这吃饭，到了孙子辈，也来这吃饭。还指着菜单说：‘这个菜，我三岁时，爷爷就带我来吃过了。’”

亦秀亦豪 展少文

展少文，外表粗犷，言行豪爽。他生于老子故里，迷上做菜后，为偷艺翻过围墙爬过烟囱，经历传奇。他成名于央视，“参加央视2002年满汉全席电视擂台赛，连赢三场，得到终身金勺大奖，从此改变了我的人生。”之后，他开始正经八百拿这当终身事业了。他改良版满汉全席，把最经典的中国菜引入民间。他做味道名家，烹出名家味道。

朴素平和 成国富

成国富，七人年龄最少者，1975年生于长垣。年虽少，成就不凡。他曾是风行全国的“成师傅红焖羊肉”的首创者，最多时，开过十家连锁店，一时风头无二。成国富绝技在身，一直走的路子却是家常美食，贴近大众消费。眼下，成国富正准备打造高端豫菜中兴楼，相信他的高端豫菜中，仍能不改他最重要最美好的特质：平和朴素，余味悠长。

探访欧洲

去欧洲是个偶然。

上文中提到，樊胜武在英国展示中华美食，引起巨大反响，凤凰卫视欧洲台给予大力报道。凤凰卫视欧洲台台长邵文光先生邀请樊胜武参加在荷兰举办的第三届“凤凰欧洲中华美食节”，并担任此次大赛国际评委。

邵文光台长说“凤凰卫视欧洲台一直是旅欧华人最认可的媒体，中华饮食源远流长，博大精深，不仅是中华文明的瑰宝，更是世界饮食文化的重要组成部分，是中国走向世界的一张靓丽名片，只有通过广泛传播，才能使之发扬光大。”

欧洲凤凰美食节现场

2012年12月3日，“凤凰欧洲中华美食节”在荷兰首都阿姆斯特丹拉开帷幕，樊胜武担任国际评委。大赛结束后，他又前往比利时、卢森堡和法国交流学习，更深入地了解了欧洲的中餐文化。

在樊胜武看来，近几年，在行业人士不断的努力下，豫菜复兴，已经迈出了最最艰难地一小步，但这还远远不够。樊胜武说“传承中餐文化的根本，是继承和创新。外面的世界日新月异，只有不断走出去、请进来，加强交流，中餐才能更好地发展。”

“个人的力量始终有限，事实证明，每一次团结的豫菜抱团打天下，能让人感觉，豫菜是个团结整体的队伍，这样的团队，朝气蓬勃，欣欣向荣，互相学习，力量无穷，又有谁会小觑中国豫菜的未来？”

惊艳大马

如果按照时间顺序来排，这一篇文章应该放在前面。之所以放在最后来写，是因为马来西亚对于阿五美食和豫菜来说，有着特殊的意义。

前文提到，2010年阿五美食在澳门美食节大放异彩，吸引了众多国际目光，其中包括马来西亚雪隆姑苏慎忠行餐饮业公会秘书长许锦芳女士。

2011年，许锦芳女士专程从马来西亚飞赴河南，来到阿五美食考察参观并品尝豫菜美味。许女士在考察之后，对阿五美食大加赞赏，当场邀请阿五美食赴马来西亚参加美食节。

马来西亚雪隆姑苏慎忠行餐饮业公会秘书长许锦芳女士考察阿五美食

回国之后，许女士专程写了一封邀请信，信中言辞恳切，许女士说“在21世纪的今天，全球餐饮同业对推行本土化菜肴已经有了认同的定义，但是，身为一位来自地球赤道边缘的小小小小国家的一个小小小小的小人物的我，在品尝了阿五美食新豫菜后，顿觉阿五的豫菜不须本土化，就已占据了人类甜酸苦辣的味蕾阵地！最令我兴奋的是：我们终于能请到您率领阿五美食精英踏入马来西亚的土地，届时我一定安排各平面及电视立体传媒特别专访您，让大马餐饮业向阿五美食学习。”

2011年，阿五美食第一次亮相马来西亚，脚踩鸡蛋钢针气球上切肉丝、神龙蓑衣刀、一根面等绝技一经亮相就引起轰动，现场数万人观看，媒体大篇幅的进行报道。

2012年，阿五美食再度赴约，河南代表团荣获大赛五枚特金奖，一时间“豫菜”成为当地人民的热议话题。阿五厨艺绝技再次上演，马来西亚旅游部部长黄燕燕女士亲自主持！

马来西亚旅游部部长黄燕燕女士亲自主持厨艺绝技表演

2013年，河南代表团已经连续三年亮相“一个大马·食全食美”美食嘉年华，在众多当地媒体的大篇幅报道下，当地民众对阿五美食早已不再陌生，甚至能说出几道河南名菜。

开幕式上，主办方为樊胜武颁发了优秀组织奖，以感谢阿五美食对本次活动的大力支持。中华（阿五）厨艺绝技表演团也再度亮相，为现场嘉宾表演了脚踩灯泡钢针气球上切肉丝、刀书、双手齐书、快速雕刻、大面气球上剁排骨、蒙眼豆腐丝穿针等绝技，当地媒体《星洲日报》、《中国报》、《南洋商报》、《光明日报》、马来西亚国家电视台等数家媒体纷纷大篇幅争相报道。

与此同时，在“2013大马国际金厨争霸赛”上，河南六名参赛选手全部荣获“2013大马国际金厨争霸赛”特金奖，成为本次大赛荣获特金奖最多的团队，是最大的赢家。颁奖典礼庆功宴上，由于路上堵车，以阿五美食为主的河南餐饮代表团比其他代表团晚到了一会，主办方却安排马来西亚雪隆姑苏慎忠行餐饮公会主要负责人及成员在礼堂门口排了约20米的长队，以热烈的掌声夹道欢迎河南餐饮代表团的到来。

河南代表团在"一个大马·食全食美"美食嘉年华合影

河南省餐饮与饭店行业协会会长曲安民先生说"连续3年参加马来西亚'一个大马·食全食美'美食嘉年华活动，中华(阿五)厨艺绝技表演团的精湛厨艺，技惊世界，引起巨大的轰动，如今已成大马美食节的一个标志性符号。"

马来西亚雪隆姑苏慎忠行餐饮业公会秘书长、马来西亚《食家》杂志主编许锦芳女士说"连续三年与樊胜武团队的接触，让我深刻感悟到阿五团队能够在大赛中过关斩将，荣获国际精厨争霸赛最高荣誉大奖的原因，看到表演团的大师在众目睽睽之下，从容淡定、挥刀自如的表演绝技，这是连全球魔术师和全中国杂技团也无法做到的，既轻盈精巧，又惊险连连，令所有观众为中餐的魅力所倾倒！"

让世界品味中原

不知道各位细心的读者有没有发现，从河南到澳门、美国、韩国、英国、欧洲、马来西亚……时间越往后，对阿五美食的个性化报道越少，在这些风光的荣耀背后，阿五美食的付出是无法想象的，我问樊胜武"花这么多钱，不宣传自己，你图啥？"樊胜武放下茶杯，说"图把豫菜宣传出去。"

别人看到的是一个企业，樊胜武看到的，是一个行业。

一直为豫菜鼓与呼的樊胜武，谈起豫菜企业的发展环境，有着诸多无奈。

“2012年中国餐饮百强企业中仅重庆一个市就有13家餐饮企业上榜，而有1亿人口的河南，一个省才有三家，另两家还是做火锅的。这个比例完全不对等。”樊胜武认为，这与河南的餐饮发展氛围有很大关系。

至今，樊胜武还记得2008年第一次去迪拜参加世厨联大会的情境。开阔眼界之外，樊胜武发现别的国家代表团都是几十人，唯独作为豫菜代表寥寥无几，尴尬、失落之余，他也在深思，这样世界性的交流活动，既开眼界，又能学习提高，而且也是一种宣传豫菜的好方式，为什么豫菜企业不积极参加？为什么相关部门不积极组织？

2008年迪拜世厨联大会现场

中国厨师之乡长垣县烹饪协会会长江榜成先生说“那年我和胜武一起去迪拜参加活动，看到别人都是有组织的大团，我们几个显得特别微不足道，同时也感到了复兴豫菜的必要性和迫切性。”

面对豫菜复兴的大业，樊胜武也曾遇到诸多尴尬。

豫菜文化深厚，可是河南的文化推广从来不把豫菜文化写进去；发展旅游，饮食先行，豫菜的发展却一直没有写进旅游发展规划里；少林武术节、拜祖大典等重大活动，很少安排吃豫菜……面对这些，樊胜武有太多的无奈。

有一次省里搞重大活动，樊胜武给一位领导建议，可以用豫菜来宴请。

领导听后的直接反应是，你的店面太小，安排不下。樊胜武的建议在领导看来就是给自己拉生意。

“在河南就应该吃豫菜、喝豫酒、听豫剧、看武术，我并没有说必须来我的店里啊，只要吃豫菜，哪个店都行，再不行可以在会展中心或更大的场地搞啊，可以组织豫菜厨师过去做，我们不是拉生意，而只不过想让外地来的朋友品尝一下本地特色，推广一下河南文化。”樊胜武愤愤地说。

关于豫菜的发展建议，他也提过很多，还给相关部门写过一份书面建议，结果建议转了一圈又回到了他的手里。

事业越做越大，樊胜武却从未忘记自己开豫菜馆的初衷，也没有满足于开了数十家连锁店的成绩。他深知“一枝独秀不是春，万紫千红春满园”的道理。在樊胜武看来，豫菜是中国菜系的母体，而复兴豫菜就是他的使命，再过五到十年，豫菜一定会重新站起来，实现昔日的辉煌。如今，在樊胜武的带动下，已有数十个豫菜餐饮品牌、上百家豫菜店涌现，而且这一数字还在不断刷新。

在樊胜武看来，当阿五美食有一家店时，是自己的品牌；有10家店时，就是河南的品牌；有50家店时，就是中国的品牌。事实上，如今的樊胜武，正在成为名副其实的豫菜形象大使，阿五美食已经成为豫菜第一品牌。

在由郑州市委宣传部、郑州日报、中原网等联合举行的“我心目中的郑州十大城市形象品牌”评选中，阿五美食榜上有名，另外九个分别是少林功夫、二七纪念塔、天地之中历史建筑群、黄帝故里拜祖大典、郑州烩面、郑商瓷、宇通客车、好想你枣业、快乐星球。

阿五美食也是唯一的一个餐饮品牌入选城市十大形象品牌，在全国也是先例，足以说明，豫菜正大踏步地走进人们的生活。

2013年，“国际中餐名店”花落阿五美食，此次评选条件极为严格，不但对餐厅硬件要求苛刻，还要求参选餐厅具有代表性，在国际上有一定的知名度和口碑。阿五美食成为河南首家也是唯一一家“国际中餐名店”。

谈及此，樊胜武非常感慨，他说“就好像豫菜在国际上有了名分。”

2014年，阿五品牌创立十周年。

为提高豫菜在国际上的知名度，加强国际中餐业界的交流，由世界中国

世界中国烹饪联合会会长杨柳亲自为阿五美食颁发“国际中餐名店”

烹饪联合会、中国烹饪协会、河南省商务厅、河南省旅游局支持，河南省餐饮与饭店行业协会、河南阿五美食有限公司等共同主办“让世界品味中原”暨阿五复兴豫菜十年之路系列活动于2014年3月份在中国郑州举办。活动由“国际中餐高峰论坛”、“真假优劣食材展”、“豫菜品鉴会”、“颁奖盛典”等系列活动组成。

来自美国、法国、新西兰、马来西亚、韩国、日本、帕劳、英国、意大利、荷兰、澳大利亚、新加坡等世界十余个国家与地区的行业精英和专家学者，以及来自中国北京、澳门、台湾等地的知名餐饮企业掌门人、行业协会领导、烹饪大师、高层管理人员等500余位嘉宾集聚郑州，共商中餐发展大计。

阿五，让世界品味中原！

让世界品味中原
阿五复兴豫菜十年之路(2004–2014)
Let the World Taste Central China and Awu's Ten years' Revival of Henan Cuisine

【第七章】

樊胜武是谁?

烹饪大师？如今不怎么掂勺了，培养新一代厨师才是正事。
大老板？到底是不是腰缠万贯咱也不知道，开了那么多家店，家底多少也得有些吧！
大明星？演过电视剧、当过电台主持人、出过书、还是豫菜的形象大使，不经意间网罗了一票年轻厨师们成为粉丝。

在业内，他是一个颇有争议的人。

他带领他的团队频频亮相于国际各大美食节，获奖无数；他本人也经常应邀出席国内外各大讲坛、论坛，逢坛必宣讲豫菜和豫菜复兴。于是，有人赞赏，有人不屑。赞赏者认为他这种高调的做派很好地解读了当代厨师的新风尚；不喜欢的人则认为他过于张扬，不够内敛和传统。

这位始终处在争议中，却始终我行我素的长垣厨师，就是中国烹饪大师、世界中国烹饪联合会国际评委、阿五品牌创始人樊胜武。

樊胜武的名字前面，有一系列的头衔：中国烹饪大师、豫菜形象大使、中国餐饮业年度十大人物、中国绿色厨艺大使、世烹联国际评委、中国饭店业名人俱乐部副主席……不管他是否在意，这种种或夸张或贴切的称号，就像勋章一样，被人一层层别在了身上。

他的店面，早已开到了遥远的澳大利亚、美国、法国。截止2014年3月，他创办的阿五集团旗下阿五美食、厨乡美食、阿五中和会三个品牌，共有8家直营店，31家加盟连锁店，年营收6亿多元。河南省著名商标、中华餐饮名店、中国餐饮百强企业、国际中餐名店……十年，他把餐饮界林林总总的荣誉尽揽囊中。

名满天下，却又毁谤随身。

河南的餐饮圈，也许再没有第二个人像他这样，身处争议的两端。有多少人嘲笑就有多少赞扬，有多少不屑就有多少热爱。

有人粉他，自然就有人黑他。

说他不务正业，他也成为“爱出风头”、“瞎折腾”、“露富”的代名词，反正各种板砖是漫天飞来，想看樊胜武着急出丑，可没那么容易，人家还是满世界的旅行说走就走！

2014年春节期间，央视新闻频道在黄金时间播出了“樊胜武的豫菜情结”专题报道，提到“豫菜是中国菜的母体”，乖乖嘞，这下了不得了，这边陕西人抗议了，那边山东人不忿了，在网上掀起了一股争战，都上微博头条了，国内外媒体纷纷报道此事。

有争议是好事，说明大家看得到樊胜武，看得到阿五美食，同时也就看得到豫菜。

谣言止于智者。

一千个人就有一千个哈姆雷特，撇开其他不谈，阿五美食这些年取得的成绩有目共睹，提起豫菜，第一个想到的自然是“阿五美食”。近些年，豫菜虽然没有到“复兴”的程度，但也渐渐在国际上获得认可，这其中，阿五美食没有功劳也有苦劳吧。

以下文章也不是什么励志史，就是通过一些细枝末节来还原樊胜武的“本来面目”，究竟他是个什么样的人，各位看官心中自是有数。

执著、简单有点傻

1987年，樊胜武十七岁，穿着自家做的黑布鞋，背着一席铺盖卷，独自一人来到郑州。他的第一份工作是在火车站附近的小饭店里做伙计。杀鱼、摘菜、洗盘子，不到10平方米大的厨房里，一个大煤炉占据了一半空间。

夏天外面的温度三十多度，厨房里的温度有六七十度。老家的同学来郑州看到这情况，回家就跟樊胜武父母说“赶紧让你们家小五回来吧，太受罪了。”

父母坐着车来到郑州。看到厨房里挥汗炒菜的樊胜武，母亲哭了“不行咱改行吧！”樊胜武说“妈，没事。刚有机会上灶，我现在可不能走。”他把父母送到车站，将自己攒下的100多块钱塞给母亲。

“挥手告别的时候，我看见车窗里父母模糊的面孔，就在心里发誓：不混出名堂来，绝不回家！”樊胜武说。

在火车站干了一年多，樊胜武觉得学不到啥东西，就来到郑州杜康酒家，拜中国烹饪大师杜新敬为师，开始了他的学徒生涯，为此我们专门采访了杜新敬大师。杜大师回忆说“胜武在我的印象里很能吃苦，大家都只看到如今他企业做得很大、很成功，但却不知道他以前受过什么罪。”

俗话说“徒弟徒弟，三年奴隶”，学徒不但没有工资，干的还是最脏最累的活儿。厨师也被称为“勤行”，意思是一定要勤快。那时厨房做饭全部都是老式煤炉，学徒工最常做的事就是和煤。和煤的活儿太累，有些学徒工耍滑偷懒，不愿意干，只有樊胜武每天可这劲儿“傻干”，有时一天下来胳膊都抬不起来了。

那时候他的工资是80元，别人发了工资出去逛街、谈朋友，樊胜武把工资全部买成书和萝卜，拿到租住的小屋里学习雕刻。那一年大哥从沈阳回老家，路过郑州来看他。见他发着烧还在刻萝卜，当即掉了泪。

因为痴迷做菜，樊胜武在郑州两年还不知道二七塔在哪里。为了省钱买萝卜，他曾在潮湿的地下室饿了两天，第三天是在撑不下去了，借朋友的钱，到街上一连吃了三大碗烩面。

执著、简单，有点傻。

“我的徒弟中，胜武是发展最好的一个，这与他的吃苦勤奋分不开。胜武刚开始学炒菜那会儿，按规定，炒完一个菜必须要刷锅后才能再炒下一道。那时可没有现在这么方便的条件，都是一大盆水在地上，炒完菜还要跑到水盆处蹲下来刷锅。

有些人懒，不愿意跑腿，炒出来的菜自然就串味了，而胜武哪怕麻烦也要刷干净了再炒，所以炒出的菜一菜一格、百菜百味。”杜大师告诉我们。

不务正业

当我们问起樊胜武是不是一直都这么勤劳听话，杜大师哈哈笑了，摆了摆手“当然，他也有不听话的时候。”

“记得最清楚的，还是他不走寻常路，干一些不是厨师干的事。他经常出去参加各种大赛、论坛，写文章，甚至还主持节目等等，我们老一辈厨师不理解，认为厨师把菜做好就行了，净是瞎折腾、不务正业。我也说过他，他也听，但听完还是该参加继续参加。”说到此，杜大师无奈地摇了摇头。

其实这样的不务正业，对樊胜武来说，简直太多了。

1995年，来自长垣县的小伙儿樊胜武，在经历了和煤择菜这段最辛酸的小伙计生涯之后，成为台湾大酒店的行政总厨。然而这名总厨却“颇不安分”，鼓捣起了河南烹饪联谊会。

“当时也没别的想法，就是想多跟人交流，多学几道菜。”

那时候参加联谊会的厨师们，每人要带一道菜，还要带一篇自己做菜的心得体会，“临走的时候每人就学会了20多道菜，也多了20个人做菜的经验体会。”

这样的联谊会搞了6期。到1999年樊胜武去国际饭店做行政总厨的时候，联谊会的成员已经从开始的20多个增加到了后来的两百多人，成为省内最具规模的厨师大会。“最厉害的一次，十八个地市来了几十家餐饮企业，加上观摩的，会场里足足有一千多人。”

那时候国家正在打击法轮功，樊胜武被人举报搞大型集会，甚至有人说这是非法组织，最后，各方力量集结取消了一个没有“组织”的“非法组织”。某报纸还在头版刊登了这件事。

樊胜武很生气，餐饮业搞一些技术交流、互相学习就算“犯法”了？!

樊胜武做菜，喜欢破旧立新，搁在以前，用行话说那是“破了规矩”。一

1996年6月8日第一届河南烹饪联谊会

道菜，老厨师按照传统来做，但是他经常“玩花样”，在造型、颜色、味型、用料方面有自己的想法，甚至还不知道从哪里找来一大堆花花绿绿的盘子，在老一辈厨师看来这就是违背传统。“我也说过他，但他仍然不听话，坚持自己的做菜风格。后来发现，顾客们其实还挺喜欢这种花样，胜武算是创立了自己的流派——新派豫菜。”

阿五美食天旺广场店加盟商王磊在谈及为什么会选择与樊胜武合作时说：“阿五美食第一家店开业不久，我就到那里吃过饭。当时我很惊讶，几乎所有的餐厅都选择白色盘子的时候，阿五的餐具却是各有千秋，甚至有黑色的、绿色的，一下子抓住了眼球。在那个餐饮行业还不太注重广告营销的时候，阿五却有了自己的网站、宣传册、企业文化。我一直跟朋友说：阿五不止抓住了我的胃，更抓住了我的眼睛。”看来，樊胜武这番功夫可没有白下！

在樊胜武做厨师的20年中，曾辗转数家饭店，一路走来，他并不觉得十分辛苦。每一次转身，他都能让自己的职业技能得到进一步提升。樊胜武说：“一个人的胸怀有多大，他的事业就有多大，如果仅看到锅灶那么大的视野，他只能算是个普通的匠人。”

29岁时，他已身为五星级饭店的行政总厨，完成了从一个厨师到综合性管理者角色的转变，成了河南餐饮界的新秀。但是，樊胜武并不满足，作为一名来自“中国厨师之乡”长垣的厨师，即便在做豫菜，老板却总是打上了江湖菜、迷踪菜的招牌。即使后来在河南国际饭店，在接受外宾接见时，原本该豫菜厨师出席的场合，有时候也会换成广东和北京的厨师。

面对外界的质疑，他甚至饱含悲愤的情绪写过一篇《河南菜惹谁了？》的文章，刊登在《东方美食》杂志上。字字掷地有声，如一石激起千层浪，引发了各界的讨论。复兴豫菜，成了他心中不灭的梦想，于是这个梦想衍生出了日后的“阿五美食”。“阿五美食刚创立的时候，我想不通，已经是五星级酒店的行政总厨，年薪六位数了，还搞啥经营！但是我也知道胜武的心大，他不满足只做个厨师。”提起这个徒弟，杜新敬大师眼中满是骄傲和自豪，近些年，樊胜武提出“复兴豫菜”的理念，这在河南省餐饮界是第一人，连省里的领导都说“樊胜武这是想把豫菜翻个天儿！”

河南菜惹谁了?

文/樊胜武

近年来,各种丑化河南人的“段子”经常流传于国人的茶余饭后,甚至在各种媒体上也时有出现。舆论终于由无形转为残酷的社会现实,变成了社会上许多人对河南的歧视——白眼、冷漠和蔑视。这种现象还在蔓延,逐渐成为一种“时尚”,一种不健康的文化现象;对这些虚构的“事实”马说先生给予了强有力的回应。

关于河南人的吃以及河南菜,我们也会经常在各种媒体上看到一些不公正的画面。记得前一时期网上有这样一篇文章:由于历史上太穷,河南人吃饭简单而不讲究,一天三顿面,面条、馒头加面汤,一块咸菜吃三天,土豆、白菜、萝卜是一年的美味,一点不懂营养。若是饭桌上掉根菜,不管桌子多脏都会用手抓起来塞在嘴里。如果是夏天,不管是村庄还是城镇,一人端着一个装满面条的跟盆子似的大海碗,蹲在树下,肆无忌惮地把面条吃得呼噜呼噜响。就是民工进了城,也仍旧是筷子上面串俩馒头,端碗青菜蹲在墙角吃起来。若给他吃蛋糕,他说味道不如玉米面;让他吃鲍鱼,他说跟咬馒头差不多。河南人啊,就是这土命。

河南某报也刊登了一篇文章“杂烩是一种懒惰”。整篇文章最突出的是说河南菜“杂”、“土”,最后认定为河南人“懒”。菜系里只有“大锅菜”、“烩面”这类食物。还有一些“外”人说的更难听……

这些人为什么要这样写,其出发点不得而知。不过我想首先这些人对河南菜不够了解;其次,无非是想显示一下自己有别于河南人,从而显示出与“豫”不同吧了。众所周知,河南地处中原,是东、西、南、北的交汇地,是中国的交通枢纽。各种菜系不同风味在此交流融合,这种“杂”我认为不是缺点。至于“土”,可能在所谓时尚人的眼里是显得有些“落伍”,但上查三代,大家不都是农民吗?别以为刚学会吃“汉堡”就以为自己是洋人了,也别以为自己有些钱,吃上鲍鱼、鱼翅就是绅士了,就可以居高临下来审视、批评别人。莎士比亚曾说过:“三天可以出一个暴发户,却出不了一个贵族”。任何一种事物存在都有其存在的道理,只是生活习惯和站的角度不同罢了,不能因为自己的浅薄和无知而贬毁、歧视他人。

关于河南菜的历史，我想还是有必要先让这些人来了解一下：

河南菜又称豫菜，它源于夏商，盛于北宋，是华夏汉族饮食文化的起源。中国第一次正式的宴会——夏朝的“钧台之享”，就在如今的河南禹县境内。商代伊尹所著的《本味篇》说汤以至味，为河南菜的远史。以后历代均有发展，至北宋汴梁达到鼎盛时期，其店铺之多，“不能遍数”规模之大，能容千人。“在东京正店七十二户”，皆自酿造名酒，著名的杨楼、八仙楼、樊楼客常至千人。经营品种仅据《东京梦华录》一书记载就有280余种，技法可识别的有五十余种。来自江淮的粮米，沿海的水产、西夏的牛羊、福建的果品等一应俱全。“集天之珍奇，皆归市易”。当时“系天下富商大贾所聚之处”，不仅是中国的政治、经济、文化中心，也是世界上饮食最发达的城市，豫菜在这一时期就已形成。

到了清末民初，全国又兴起豫菜热。其原因是袁世凯父子不仅用河南长垣厨师翟河田、付长山为其服务，还高薪聘请了长垣籍名厨韩金岭等，在北京开办了“大梁春饭庄”，经营正宗豫菜，生意非常红火。一时间满朝文武以及文人学士以食豫菜为荣。光绪皇帝的御厨王蓬洲，慈禧太后的面点师李成文，宣统皇帝的御厨宋登科，张学良的专厨乔久录等均是河南厨师。在这一时期，全国各大城市的名店、名楼几乎都经营豫菜。最著名的有上海的“梁园”、北京的“大梁春”、天津的“三五俱乐部”、南京的“大中华”等等。著名的鲁迅先生就经常在“梁园”用豫菜的“炸八块”、“铁锅蛋”、“酸辣肚丝汤”等宴请名流政客。

新中国成立后，国家领导人毛泽东、周恩来、刘少奇等均先后聘用河南长垣厨师作为专厨。这些豫菜厨师以豫菜的“五味调和、质味适中”加上首长们的喜好制作的菜肴深受领导人的喜爱。

1953年到北京饭店，后调任钓鱼台国宾馆总厨师长的侯瑞轩大师，就是河南长垣人，他在豫菜的基础上研制的“三低一高”钓鱼台菜系，多次受到各国元首的高度赞扬，称中国菜（豫菜）好吃。

改革开放的初期，豫菜也有了一个大发展的阶段。当时郑州建有国际饭店、河南饭店、水上餐厅、少林餐馆等数十家大、中型饭店、酒楼，另有开封的“又一新”、洛阳的“真不同”等，都以经营正宗豫菜为主，生意非常红火。

当时的豫厨们推出了大量的豫菜佳肴，如："糖醋黄河鲤鱼焙面"、"三鲜铁锅蛋"、"洛阳牡丹燕菜"、"炸紫酥肉"、"套四宝"、"炒三不粘"等等。不但应市反映良好，就是全国各类烹饪大赛，豫菜也纷纷摘金夺银。当时仅河南名菜谱、中餐食谱记录的豫菜就有1000余种，这能说河南菜只有"大烩菜"吗？简直是"井底之蛙"，不懂装懂。

当然，随着改革开放的进一步深入，河南经济发展不及沿海及某些大城市快，在一定程度上影响了豫菜的发展。同时，由于交通便利以及人员的大流通，使川、粤、湘等各大菜系纷纷来到河南。让吃了一辈子河南菜的人们尝到了新鲜刮起了一阵流行风。我认为这不为怪，因为喜新厌旧是人们的共性，大家和睦共处，丰富人们的餐桌，满足不同人的需要，这是好事。但这并不能说明豫菜就不存在了，也不至于一提河南菜就摇头说"土"吧？

豫剧、京剧不也有人说"土"吗？为什么河南电视台的"梨园春"这么火，京剧又称为"国粹"呢？有些时候越是民族的就越是世界的。真正以地方制作手法，地方特产烹制的菜肴才是人们最喜爱的，近年来流行的"农家菜"、"山野菜"就是证明。

还有些人不但歧视河南菜，还歧视河南籍厨师。我认识的一位"高才生"就总是用文化低、素质差来形容他们，我觉得很气愤。因为中国是个发展中国家，河南又是人口第一大省，普及教育几乎还是梦想，我们又怎能来要求每个厨师都要达到那种标准呢？谁不想上学呢？更可气的是有些餐饮企业老总或职业经理人在招聘厨师时，只要听说的是河南话或是做河南菜的，不是免谈就是带着一脸的看不起，甚至还"花椒"一番，工资出得更是可怜。好像河南厨师会给他们带来什么厄运似的。

不错，近年来豫菜未能及时跟上改革的脚步，影响了发展，但这并不说明河南就无菜了。相比那些随波逐流的餐饮企业不但没有自己的文化特色，而且一味的追赶潮流，今年流行川菜上川菜，明年流行粤菜又改头换面做粤菜，你方唱罢我登场，最后企业不但没赚到钱、得到发展，也没有树立自己的品牌，以至于很多外地人甚至外国人到河南都找不到河南菜吃。一些厨师(包括河南厨师)为了生存也纷纷不学豫菜学其他的菜系，甚至不敢说自己是河南人，就像中国人到国外不敢说是华人一样。

讲到此可以有这么一个联想：有个成语叫“邯郸学步”。是说战国时一个赵国人听说都城邯郸人走路姿势很美，就到邯郸去学走路，结果非但没学会，反而忘了自己原来怎么走路，只能爬着回家了。

在这里我不是说不能学别人，而是应该在豫菜的基础上学习其他菜系的长处，为我所用。作为经营者也应该以客人的需要为目标，不要片面地认为那个菜系好，那个菜系差；那个地方的厨师行，那个地方的厨师不行。任何一个菜系，任何一个地域的厨师都有优劣之分，要以实际出发，不能一提河南人就摇头，一提河南菜就说档次低，这不公平。

我身边认识的河南厨师就很不错，不但有自己的特色豫菜，而且在职业道德、文化水平、管理能力方面相当优秀。他们在工作中成绩突出，可以说到一个店盘活一个店，这能说河南菜不行吗？河南厨师差吗？笔者也是一名河南籍厨师，曾在多家星级饭店工作，对经营的菜系点菜率做过多次实验，豫菜（创新豫菜）一直名列销售前茅。可我就是搞不懂为什么这些人总是看不起豫菜呢？是出于什么目的呢？河南菜到底惹谁了！

摘自东方美食《烹调专家》2002年总第74期

长垣

我专门去了一趟长垣，樊胜武的老家。

长垣烹饪，历史悠久，举世闻名。在漫长的烹饪历史上独树一帜，以厨师众多、技艺精湛著称于世，名厨大师之多，居全国之冠。目前拥有国家级烹饪大师、省级烹饪大师上百人，专业厨师达三万人，遍及46个国家和地区。烹饪业已经成为长垣经济发展的重要支柱产业。

2003年2月，时任中国烹饪协会会长张世尧为长垣题写了“中国烹饪博大精深，厨乡长垣尽展风采”的颂词。2003年中国烹饪协会正式发文命名长垣为首家“中国厨师之乡”，并于北京人民大会堂举行了授牌仪式。

“河南长垣－中国厨师之乡”授牌仪式

长垣自古就有尚厨之风，民间早有“长垣村妇，赛国之厨”之俗语。自明清有史记载以来，长垣厨师之众更是到极致。许多的王府侯爵、官僚商贾、文人学士大都喜欢选用长垣厨师司厨。明万历三十一年，长垣有人口13130户，几乎家家都有在外从厨和学艺之人。清光绪年间，长垣人口30万左右，其中在外事厨者近达25000人。

有文记载的光绪皇帝的御厨王蓬州，慈禧太后的面点师李成文，清官大内御膳房厨师牛清连，宣统皇帝的御厨宋登科，黎元洪的专厨赵进业，袁世凯的专厨翟河田、付长山，李鸿章的专厨陈发科，鹿仲麟的专厨王宗武，民国时期张学良的专厨乔久禄，冯玉祥的专厨王锡云，阎锡山的专厨左保德，韩复渠的专厨王景云，杜月笙的家厨李瑞聚，热河督军司令姜桂题的专厨王景春，毅军司令米振标的专厨尹进才等，均是长垣人。

新中国成立后，政通人和，长垣厨师的地位与国同荣，厨师厨艺如鱼得水。毛泽东、周恩来、刘少奇、朱德、邓小平、董必武、彭德怀、许世友、罗瑞卿等党和国家领导人也都选用长垣厨师做专厨或临时司厨服务。

长垣籍厨师中的杰出代表、北京钓鱼台国宾馆首任总厨师长侯瑞轩，被誉为当代“国宝级”烹饪大师，从艺60余载，先后为毛泽东、周恩来、邓小平、江泽民三代国家领导人服务。无数次地为国家领导人设计、制作国宴酒会，还接待过西哈努克、伊丽莎白二世女皇、克林顿、叶利钦、明仁天皇、卡斯特罗等数百位外国元首。他传奇的厨艺生涯，成就的辉煌业绩，已被载入《世界名人大典》。

“长垣厨师遍天下，刀勺声里多名家。色香味形皆入化，赢得中外古今夸”，就是对“中国厨师之乡——长垣”的真实写照。

在长垣，樊胜武有着非常高的知名度。比如，我和他一起参观长垣县中国烹饪文化博物馆，当讲解员知道正在后面指点江山的来宾就是樊胜武时，这个年轻的女孩子就像见到明星一般，抓住我的胳膊不停摇晃：天哪，他就是樊胜武？我对她的反应表示诧异，就问：“怎么啦？”她说：“我们长垣人没有几个不知道樊胜武的。他做得很成功，是我们长垣的骄傲。”

想想也是。

一个出生农家的长垣籍厨师，既没靠任何权力，也没靠家族的财富传承，靠着骨子里敢闯爱拼、不服输的草根精神，靠着一身过硬的烹饪手艺，成为他那个领域的领军人物，确实值得长垣人骄傲。

如果说，当年，国宝级大师侯瑞轩是传统长垣籍厨师的缩影，那么，樊胜武则是当代长垣籍厨师的缩影。从他身上，更可以管中窥豹目前活跃在全国26个省份和世界46个国家和地区、3万多名长垣籍厨师的成长轨迹。

江榜成，长垣县原县委副书记、政协主席，现任中国厨师之乡长垣县烹饪协会会长。他说“2003年春节，大年初二。因长垣县准备申请‘中国厨师之乡’，由我来负责筹备工作，那年春节，县里组织在外工作的长垣籍厨师利用回乡时间开一个座谈会，谈谈关于我县申请‘中国厨师之乡’的建议和意见，胜武也是被邀请的厨师之一。”

“当时长垣厨师大多在外任厨师长、总厨，很少自己开饭店的，长垣缺少由自己人打造的知名餐饮品牌。会上，我引用了拿破仑的名言‘不想当将军的士兵不是好士兵’来鼓励长垣厨师自主创业。这时，胜武站起来说‘会长，您放心，我要做一个拿菜刀的将军！’当时我印象非常深刻，觉得胜武有理想，有抱负，将来一定会做成大事！”

“2004年，一个投资商要在北京开一间五星级酒店，他通过朋友找到我，希望我能说服胜武去北京做行政总厨，并且开出了很高的年薪，当时好多厨师眼红这个机会啊！我原本以为胜武会答应，没想到他委婉地拒绝了，我和那个投资商都觉得很惋惜。直到几个月后，阿五美食诞生了，我才理解了胜武的抱负。”

对于长垣，樊胜武有着说不清的深厚感情。2012年，樊胜武把店开回了长垣，算是归根了，阿五旗下的另一个品牌——厨乡美食，正是以长垣为“中国厨师之乡”来命名的，由此可见一斑。

儒商

从采访中不难看出，樊胜武是知识型厨师的典范，厨师出身的厨掌柜的优秀代表。一般厨师吸烟、喝酒、赌博的“爱好”他一个没有，闲来喜欢打球健身，业余客串美食节目主持人，在报刊上开美食专栏。他是一位名厨，又是文武兼修、德艺双馨的烹饪艺术家。所以，他从技艺岗位走向管理岗位，从职业厨师转型成餐饮企业家也就顺理成章。

“用做老板的心态打工”、“用做事业的态度来做企业”，这是每个阿五员工都熟稔于心头的樊胜武语录，在他们眼里，这个老板有气魄、肯花钱、有胆识、爱创新，只要听说哪里有烹饪比赛、有交流活动，他就去参加。北京、上海、广州、香港、澳门和加拿大、澳大利亚、迪拜、日本……到处都留下了阿五人的身影。阿五美食不但专注于经营，而且更加注重社会责任，多次为孤寡老人、少林孤儿、困难员工等奉献爱心，阿五美食的很多管理人员已经成为股东，用樊胜武的话说：“一帮志同道合的人，做一件大家都喜欢做的事情，最后分享成功！”

企业掌门人塑造一个企业的同时，企业也正以同样的方式反过来重塑了企业掌门人的性格。从感性到理性，从激进到稳重，从忙乱到从容，从高亢到淡定，从机敏到敦厚，阿五渐渐从企业经营的五味中感受人生的五味，调配给自己均衡的心灵营养。

他说，做厨师仅仅是一个谋生的手段，一个人的心有多大，他的事业就有多大。如果仅仅关注灶台上的那些事，就永远只能是一个厨师。他合理分配自己的财富，实现自己的人生理想。在家排行老五的他，把自己的财富同样分成5份，形成了独特的“阿五财富价值观”。创业前他把财富的1/5买书订杂志，1/5购买电脑、摄像机和照相机，1/5参加各种学习交流，1/5拜访行业名师，1/5留给自己及家人；创业成功后他把财富的1/5留给加盟商，1/5留给股东和员工，1/5留给自己和家人，1/5用于企业发展和建设，1/5用于宣传豫菜品牌和回馈社会。

他说，有人喜欢攒钱，而我却认为让钱发挥最大效用的方式是增加自己的知识储备，这是对人生最好的投资。截至目前，他的发展历程经历了厨师→厨师记者→五星级饭店行政总厨→电视（电台）、报社美食栏目主持人→开店（创立180平方米“五星级”小饭店）→潜心研究豫菜→开创多个品牌（阿五美食、厨乡美食、阿五•中和会……）→进入中国餐饮百强企业名录→荣膺国际中餐名店。

一路走来，每一步，他都如鱼得水，走得很顺利。

突然看到的不足

樊胜武，特别享受被瞩目的感觉。

开店之前，樊胜武连续5年在郑州人民广播电台主持《欢天喜地过大年》，教听众如何做家宴菜肴，2003年又主持了河南电视台“李锦记杯中原逐鹿电视烹饪大赛”，正是这种媒体的交互传播让樊胜武赢得了广泛的知名度。

樊胜武在广播电台主持节目

樊胜武主持河南电视台“李锦记”杯中原逐鹿电视烹饪大赛

在创业之始，樊胜武就创造性的在百万大报《大河报》上连载推出《跟着阿五学美食》这个栏目，不仅向读者介绍很多家常菜肴，还利用报纸影响力扩大了品牌知名度，很多人都是看着报纸里的菜谱到店里来品尝阿五美食的。

以“明星大厨”身份出现做酒店形象代言的，樊胜武不是第一个，但却是相当出色的一个。在阿五美食的所有分店，在企业印制的各种宣传册中，樊胜武身着“阿五”特制厨装的形象以及和各界社会名流的合影几乎出现在任何可以出现的地方，这种风格也让阿五美食彰显出一种名厨大师的名气和大气，顿时让人们对新时代的厨师形象耳目一新。

樊胜武还有个身份，演员。他曾参演由张子恩导演、王学兵等主演的电视剧《大长垣》，出演“戴月轩”一角，这部电视剧讲述的是一位清朝的长垣名厨。就像樊胜武自己说的那样“这辈子我也不干其他事，算是扎根餐饮这一行了，就算干，也得要跟餐饮有关系。”

樊胜武参演电视连续剧《大长垣》

如今，樊胜武自己也已成了名人。随着阿五美食知名度的提高，来河南做客的名人也都乐于到这里坐一坐，各类合影、签名也越来越多。

2005年，樊胜武被评为“中国餐饮业年度十大人物”。

樊胜武的好友孟娜回忆说“那一次获奖，我跟他一起去了北京，拍摄图片资料。从北京回来的时候，我们开了两辆车，前面的车装的是行李，老樊、我还有几个朋友坐在后车上。一路欢歌笑语，谈笑风生。行至邯郸，突然一个急刹车，熄火了。我第一反应就是：完了，车坏了！”

“此时前车已经跑得没影，那时候手机不像现在这样普及，我们联系不到前车的司机。而最关键的是，行李都在前车上，我们几个人浑身上下加起来剩下不到五百块钱！这可怎么办啊，我们都很着急。后来我们报了警，警察帮忙把我们的车拖到最近的一个修理厂，我记不清具体地方，反正就是‘前不着村、后不着店’荒凉到可以拍恐怖片的一个地方。给司机留了400块钱用来修车，我们揣着100块钱去找住宿的地方。”

“好不容易找了辆出租车，这时老樊说‘让孟娜坐前面’，于是乎他们几个大男人挤在后排。好不容易到了最近的县城，也没有找到取款机。我们找了一个最便宜的招待所，我自己住一间，他们几个住一间。第二天一早，我们一起吃早饭，老樊说他不饿让我先吃，我也没多想就自己吃了。后来我才知道那时候我们只剩下13块钱，还都被我吃掉了……等了一上午，司机赶来跟我们汇合，把修车剩下的钱给了我们，我们买了硬座票回了郑州。经过这件事，我们也算是‘共患难’过了，哈哈。”

当然这只是个插曲，我想说的是以下这些。

那一年，由原中央军委副主席、国防部长迟浩田亲自为他颁奖。

那一年，跟他同在获奖者之列的是小肥羊、全聚德、小天鹅等餐饮巨头老板。

樊胜武坐在这些人之中，第一次感到不自在。

原中央军委副主席、国防部长迟浩田为樊胜武颁发中国餐饮业年度十大人物奖

“当我还在讨论如何做菜的时候，别人已经在讨论投资几个亿的项目了。与别人不在同一水平线上的尴尬使我感到了挫败感，我觉得即使你在河南做得已经很优秀了，但真的没什么好沾沾自喜的。”

靠义气混江湖

老话说，在家靠父母，出门靠朋友。

在外打拼就要广交朋友、团结互助。

樊胜武说，复兴豫菜是一个长期的浩大的工程，也许需要几代人完成，怎可能凭借我一人之力就能打出天下？

崔建国，樊胜武的好哥们。

他是一个爱灯如命的人。2013年夏天，樊胜武到迪拜考察，给他带回一盏具有中东风格的小马灯，如今这盏灯就放在他的案头，我们一提起樊胜武，他就止不住话匣子。

“1999年夏天的一个晚上，胜武兄邀请我和几个朋友去他家吃饭。因为是老房子，楼道非常昏暗。等我们到了楼下准备上楼时，惊讶地看到的楼梯的每个台阶上都点着一根蜡烛！从一楼到三楼，闪烁的烛光照亮了整个楼道。那顿饭吃的什么已经不大记得了，但黑暗的楼道里，那些温暖的烛光，却一直摇曳在我心中。”崔建国说起来还记忆犹新。

虽说是兄弟，但也有隔阂的时候。

“2007年，当我从CCTV回到郑州的时候，阿五美食在中原已经是小有名气。十分注重企业形象的胜武兄把阿五美食的策划宣传工作交给了我刚刚成立的中派文化公司，兄弟之间合作十分愉快。然而2011年秋天，我和胜武兄多年的关系却降到了冰点。因为合作中产生的分歧，长达一年的时间里，我们几乎没有任何联系。2012年秋天，祖母寿终正寝，我回到老家料理丧事。煜丰美食的玉松哥驱车前来吊唁，握着我的手说：胜武兄本来也想亲自过来，临行前突发重感冒不能成行，特地委托我来送奶奶最后一程。那一刻，重孝在身的我泪湿双眼，从此以后，兄弟之间云开雾散，天朗气清。”说到此，崔建国眼眶有些湿润。

《河南商报》首席记者马红丽说“去年8月份，在一次会议中，我跟樊胜武无意中聊起要去信阳采访的事儿。当时樊胜武随口说他们过些时候也要去信阳，可以捎上我。但我以为他只是随口那么一说，并没放在心上。没想到半个多月后的一天，忽然接到樊胜武的电话，才知道，他一直记得他这个随口一诺。这让我有点小惊诧，原因是我知道他确实很忙，随口一说，忘了原本也是正常现象。更何况，现在经常这样随口一说的人多了去了。”

我问樊胜武“你是如何看待兄弟和江湖的？”

他说“兄弟什么时候都需要，人谁都不可能没有朋友。至于江湖，本身都存在。只是我希望自己走的是名门正派。那些天天聚在一起，商量着如何与供应商斗，跟同行斗、跟员工斗的人，我不跟他们玩。我愿意在一起玩的，一定是守游戏规则，彼此有共同的价值观，积极向上的。我们也有几个好哥们，平时一块儿出去考察旅游，每周打两次羽毛球。我们甚至还成立一个羽毛球队，设计了专门的徽标，有统一的服装，在一起开心地就像回到了小时候一样。”

在郑州，樊胜武有不少好朋友、球友，朋友们交代的事情，或者在闲聊中发现谁有什么需要帮忙的，他都会放在心上。

樊胜武说“小时候家穷，没上过几年学，但教书先生在启蒙课上曾说过一句话：人无信则不立。现在想想，这话真对。出来混的，有情、有义、有担当，才会有朋友，人若无信，还能交到朋友吗？做企业其实有时候就是在延续你的为人。你的人脉有多广，你的情商有多高，你的企业就能走多远。”

很强悍也很温柔

我在阿五美食搜集资料的时候，发现在很多员工眼里樊胜武是个脾气特别大的老板。我也曾亲眼看到过他在办公室发脾气。接触久了，才发现，铁汉也有柔情时。

樊胜武喜欢吃花生。

2013年9月的一天早上，走出自家小区的他，看到了蹲在门口卖西瓜的开封瓜农。

“带着个五六岁的小男孩儿，车上除了西瓜，还有十几编织袋花生。是自己瓜地里的新下来的花生，个大籽饱。”

樊胜武把瓜农车上的东西全买了。走在去公司的路上，他发了条微信：瓜农很老实，这么热的天，还带着个孩子，太不容易。我全买了，他们可以早点回家了。谁想吃新鲜花生赶紧报名啊！

11月25日，樊胜武去普吉岛。

登机前他发了条寻人启事，照片是她和一个泰国小姑娘的合影。那是他多年前第一次去泰国时遇见的小姑娘。当时小姑娘的家人在卖水果，她追着樊胜武买明信片。黑白分明的大眼睛，两条乌黑的小辫子，那么可爱又可怜。樊胜武给了她十倍的钱买了那套明信片。

“不知道怎么回事，这么多年心里一直很牵挂。不知道她叫什么名字，长大了没有？也不知道是不是还能有缘再见，见了还能认出来吗？”

跟樊胜武一起吃饭，他会对菜品品质挑个没完，如水放少了，肉滑得不够嫩；跟不上他跳跃式的思维节奏和反应速度，他就会对你一边批评、一边啰唆得没完没了，当时你就会彻底理解《大话西游》里周星驰的痛苦了。

但同时他又特别心软。

比如听说由于一件小事而耽误了别家公司一位员工的饭碗，他会特别内疚。第二天，他就会安排那位员工来自己公司上班。朋友说他心软，他就回了这么一句话：上留天下留地，做人要给自己留有余地。

樊胜武的助理刘斌，每天要帮他处理的事情很多，有时候难免会有一些忙乱，我相信他一定受到过很多的批评。但我想说的是，樊胜武先生经常在诸多人在场的情况下，给他理清脉络的同时，会赞美一下他某件事准备的非常好，同时不忘给众人笑着说上一句，我这个助理事情太多了，你们有些事儿就别找他了。

刘斌大学毕业后就在阿五美食工作，至今已经7个年头了。像刘斌这样在阿五美食一待就是六七年甚至更长的管理人员，占了60%以上。

一位同事听到这个数据时，跟我说了这样一番话：“员工能在一家企业做这么长时间，有这样的忠诚度，两个原因最重要：一是说明这家企业发展得不错，并还有更加壮大的可能性；二是这家企业的老板做人、做事，肯定比较厚道、仁义。”

古语说领导人“慈不掌兵，义不掌财”，以此观照樊胜武，他从严管理却不会冷酷无情，体谅他人却不会放任姑息。管理层面的度量衡像极了豫菜的调味，怪不得说治大国若烹小鲜。

你也许可以将樊胜武的这些举动归之为心太软。

但他曾在微信上写下的一段话也许可以作为最好的答案：一个人，初级的快乐是肉体的快乐，即饱暖物欲。中级的快乐是精神的快乐，是诗词歌赋、琴棋书画，游走天下。高级的快乐是付出，是让人因你的存在而快乐。

孝顺

由于品牌影响力逐渐增大，樊胜武的社会活动也越来越多，他的行程表目前已经排到了2014年的7月份。

他回到郑州的第一件事，是去看85岁的妈妈，吃一顿妈妈亲手做的饭；每年，陪妈妈出去旅游一次。无论多忙，樊胜武交给妈妈的这些时间都不会更改。每到节假日，还会带母亲去吃农家菜、陪着见她的老姐妹们。他还喜欢把妈妈做的饭菜、与妈妈的合影发在微信朋友圈里，为此招惹了不少朋友的羡慕嫉妒恨。即使在工作的繁忙中，他答应陪母亲去普吉岛度假，果然不久就在微信上看到他和满脸微笑的老太太在泰国发来的照片。

樊胜武陪母亲在泰国度假

他的铁杆兄弟，也是长垣籍厨师顿玉松对他这一类的微信除了点很多赞以外，还会发N个、有时候看都看不下去的感叹号。但顿玉松强调，他是真心被“五哥”的孝行感动。

因为重孝道，所以樊胜武考量朋友、员工的标准时，有时候会拿“孝”说事儿：一个人如果连自己的父母都不孝顺，还怎能干好其他的事儿并让人信任呢？

去年，是樊胜武父亲去世10周年。

有着10余年军龄的父亲，参加过抗日战争、挺进大别山、百万雄师过大江等战役，获得过很多勋章；转业时，为了响应国家支农号召，父亲主动放弃进城指标，回原籍带领乡亲参加新农村建设，担任村支书，这一干就是28年。

为了纪念父亲平凡而又伟大的一生，樊胜武为父亲出了一本书——《英雄一生》，原中央政治局委员、中央军委副主席、国务委员兼国防部部长曹刚川上将专门为本书题词“英雄风范垂青史”。

樊胜武为父亲出书《英雄一生》

樊胜武说，这本书既是对父亲的缅怀，也是对自己的提醒：“父亲在世时，总是说吃亏是福。以前不懂，直到后来自己一人闯荡江湖，才理解了吃亏是福、厚德载物的真正含义。我觉得这应该是做人、做事的信条之一吧，所以，后来我把‘吃亏是福’这句话写到了企业文化里。我觉得这也是我对父亲尽孝的方式之一。”

在长垣老家，他为父母重修了房子，起名“林亭居”，取父母名字中各一个字，由著名书法家亲自题写门匾。

樊胜武在老家重修房屋，命名“林亭居”

在他们的大家庭里，樊胜武很自豪的介绍说，只有大哥走上了和父亲一样的道路，完全凭借自己的努力，现任某军区大校。

看得出来，他对大哥心怀的不仅仅是亲情，还有长兄如父的那种尊敬。大哥放心地把孩子交给樊胜武，让孩子跟着他在阿五美食里学习。当大哥家孩子结婚的那一天，樊胜武感慨万分，对于他来讲，像是自己的孩子一样，成全一双儿女事，了却一对父母心。

我一直在想一个命题，中国的企业家，传统大家庭浓浓人情味的影响会对他们后期做企业，产生怎样的影响？

对于樊胜武来说，阿五美食与其他餐饮企业不同的，也正在于公司呈现出的一种大家庭的气氛。

微信潮人

杨新林，是一家橱柜公司的董事长，跟樊胜武是好朋友、球友。他今年最常说的一句话就是："教会五哥玩微信，是我今年最后悔的一件事儿。"

其实这是一句调侃的话。

因为杨新林发现自从教会樊胜武玩微信后，他对微信的忠诚度和热爱度远远超出了自己的预期，不管到什么地方座谈，哪怕跟朋友吃顿饭、打场羽毛球，他都要拍照微一下。以至于现在跟他吃饭，小伙伴们都会主动等他先拍照才敢动筷子。

在他的朋友圈里，对于别人的发言，他不仅仅是礼节性的点赞，他会对你拍的照片、编的内容、写的文字，如果欣赏，会毫不吝啬的写出自己的评价去表达赞美。当然，不是一味的赞美，如果有不当的地方，他也会提出来，但一定会说一句你做得好的地方。

澳门餐饮业联合商会副理事长王凌冰女士说"阿武（樊胜武）是微信达人，每天都要发上几条，'勤劳'的很。自从他开通微信之后，我们这些远在千里之外的朋友，第一时间就能分享到阿五的点点滴滴，每一次宣传活动、新菜评选、优质服务推广，我们都能看到阿武精神抖擞地站在最前线。”

《大河报》首任总编辑、河南著名的老报人王继兴老师说“胜武的勤奋、敏感、图片报道和文字报道的技能和水平，俨然一个专业记者了！”

樊胜武说“我自己知道，有一部分原因是自己爱说，爱发表意见。有时候得罪人了都不知道。比如说北京因为pm2.5超标严重，准备出台政策限制餐饮企业总量。我一听这话就气不打一处来。控制大气污染跟控制餐饮企业数量有毛线关系！跟机动车、燃煤和工业扬尘相比，烹饪油烟能影响pm2.5？我在微信上写道：如果能，我认为这个官员放屁也影响！干脆以后单双号，一号开火做饭，二号冰锅冷灶，三号禁止放屁，四号禁止出气，这位哥以后也别吃饭，算为人民服务了！”

“再比如行业里前段时间说机器人炒菜，很多专家觉得是未来方向。我就不太赞同。我觉得中餐是不能工业化的，中餐是科学、艺术、情感等相互叠加而组成的大餐，汤汤水水皆学问，真心复制不了。机器人炒菜，只是一个概念罢了。分明是搅拌机，能吃吗？这么多年，说了不少得罪人的话，但还是因为深爱这个行业。这才是重点。”

深爱，才是重点。

自由

去年很火的一个广告，“我为自己代言”。陈欧说“你只闻到我的香水，却没看到我的汗水”“梦想是注定孤独的旅行，路上少不了质疑和嘲笑”，樊胜武也一样。

在各种各样的目光里，在毁誉参半的议论里，有一段时间，樊胜武承认自己“快崩溃了！”“头疼、嗓子疼、天天失眠，一点小事就发火。”各种各样的议论也在此起彼伏。“樊胜武开一家小店还可以，三年后你看看他还能中不?”“樊胜武已经破产了，听说房子车子都卖了。”

有一天中午，一个朋友来店里看樊胜武。“我说走，咱俩坐包间吃吧。朋友说，唉，就坐门口吧。”就在俩人坐在门口说话的时候，小店里呼啦呼啦上满了人。朋友很是惊奇，“咦，不是都说你店不行了吗？我今天来，就是想坐门口给你捧捧人气的。”

樊胜武真是又好气又好笑。

“中国人的心态就是这样复杂。他们宁愿为失败者掬出同情，也不愿意为一个成功者鼓掌喝彩。”厨师不敢得罪，因为怕人家甩袖子不干。客人不敢得罪，因为一盘青菜不对口味，把你叫过去训得跟小孩儿一样。小店雇不起高级管理人员，事无巨细都要自己操心。“太累了。”管理压力、资金压力、还有外部的闲言碎语，樊胜武终于顶不住了。

“吃药不管用，一个月要去医院打吊针10多天。”躺在医院里，看着头顶一滴滴缓缓淌下的液体，樊胜武突然安静下来。他问自己：我这么做，到底为了什么？我该怎样才能突破这样的窠臼？所有的顿悟其实都是在一瞬间完成的。一个人一旦跳出了那个束缚自己的瓶颈，他就救赎了自己。他看到的将是天高地阔，水碧山蓝。不一样的长风烈烈，激情飞扬。

“我要跳出来，去更多的地方，汲取更多的营养。”他对自己说。

如今，阿五美食各项制度健全了，几十位烹饪大师和高级职业经理人也陆续到位了，樊胜武解放了出来。

他和几个好朋友开一辆豪华房车，开启了中部美食之旅。从河南、湖北，到安徽、江西。嘴巴旅行，心也在旅行。当他在景德镇和婺源的老街上走过时，他觉得自己的心，是可以安放在斑驳的石板路上的。他和好朋友背着行囊走在美国的沙漠和海边。

在茫茫大漠中他们的自驾车也变成微不足道的小黑点，他忽然有了一种牛仔的情怀。而坐在普林斯顿大学的台阶上，四周是比参天大树还要老的石房子和雕塑，比时光还要静谧的暖阳，水晶一样的蓝天，云彩棉花糖一般。他觉得这样的地方是最适合读书的。“怪不得爱因斯坦能在这里研究出相对论来。”

樊胜武在世界各地旅行

他甚至用不菲的价格，买了一辆典藏版哈雷摩托。

2013 年 8 月 31 日，哈雷 110 周年大型庆典的时候，他赶到了美国哈雷总部——密尔沃基。在那条著名的 66 号公路上，1 万辆摩托轰鸣，蓝天白云下各种造型的摩托车上，乘坐着肤色各异、年龄不同、打扮得个性张扬的人们。

“从八十岁的老先生，到十几岁的小孩子，从彪悍的小伙儿，到性感的美女，一个个都那么激情飞扬。欢声笑语，一路高歌，让最高档的汽车都黯然失色。”在樊胜武看来，自己玩哈雷，就跟人们自驾去西藏一样，跟钱没什么关系，“就是代表了一种生活态度。哈雷消弭了身份和种族的不同。你能感受到的，就是自由、勇敢和个性。”

他想要的生活

樊胜武的办公室里，他所有用过的手机，以及他的第一代身份证、第一本护照、小人书……都陈列在案。一一记录着时代的变化。还有他用过的相机，去过国家的纪念品，以及获得的奖项与证书，采访过他或他自己发表过文章的刊物，甚至参加每一次活动的胸牌，都分门别类，登记造册，清清楚楚的展示着人生的经历。

樊胜武办公室留存的部分物品

他自己常说，人要对自己的过去做留存。留存记忆，留存经历，其实是对每一段人生的总结，这在某种程度上，证明了你每一段人生的不虚度。

带领豫菜走出去是他目前工作的关键词。在樊胜武的办公室有四张地图：郑州地图、河南地图、中国地图、世界地图。

凡是去过的地方，樊胜武都会标上一个小脚丫，澳大利亚、美国、迪拜、马来西亚、加拿大、日本、泰国、韩国、英国……他从来都没停止过走出去的脚步。

在澳大利亚，樊胜武遇见一个打扫卫生的清洁女工。“我们聊天。

当她知道我来自中国时，很开心地说：自己前段时间刚结束了一段旅行，去了中国。”

她说的那么开心自然，这让樊胜武心生感慨。“没有一点看不起自己，虽然是打扫厕所的，但她特别自信，很会享受生活，这在中国你是很少能发现的。”

在有“太平洋上最后一滴眼泪”之称的帕劳，樊胜武曾买过一个木雕。“特别精美。是一个犯人做的。那里的政府允许犯人在狱中制作工艺品销售。脸上的沉静，还有拿着自己做出来的工艺品给我时的那份快乐，特别让人动容。”

在土耳其考察白百合清洁系统时，樊胜武到了伊斯坦布尔省贝伊奥卢市副市长的办公室，那么简陋的房子。那种高效务实，是真正的小政府大社会。

樊胜武与土耳其伊斯坦布尔省贝伊奥卢市凯玛尔副市长合影

回来的路上，樊胜武在自己的微信上写下了这么一段话：人家最好的地方装着精神，我们最好的地方盛着权力和金钱。这个市长的办公室还没有我们某些乡政府豪华，汗颜呐！

走在更宽广的世界里，樊胜武感受到的是秩序，规则，平等和自由。“不浮躁。那样的氛围之中，你很容易就变得宽容，坚定，沉静。你会觉得，那样的日子，才叫生活。”

阿五美食，根植中原，立足本土，辐射全国。在十年的发展中，已经成为郑州城市名片和中原餐饮发展的一个传奇，“阿五现象”遂被全国效仿，引来学习者众。

一个企业生命力的持续，最关键的因素便是掌门人的眼光与胸襟。胸怀天下的樊胜武，让他的员工相信，这个企业会走得更远、更好；志存高远的豫菜形象大使樊胜武，让更多的河南人相信，他要让豫菜走得更远，站在世界的舞台上，让豫菜复兴之路不断向前。樊胜武的梦想、阿五人的梦想乃至所有中国人的梦想，已在腾飞。

遇见十年前的自己

——阿五品牌创始人樊胜武访谈

记者：有句话叫“不忘初心，方得始终”，十年前，你创立阿五美食的“初心”是什么？

樊胜武：初心就是你得知道自己是干什么的。我这辈子，无论之后生意做到多大，面临外界多大的诱惑，我所从事的，一定是和餐饮有关的，我不会离开这个行业。具体来讲，作为豫菜的形象传播者，首要的，就是在我的带动下，让豫菜的品牌站起来，走出去。

十年前，我创立了阿五美食的品牌。当时，就是想开个豫菜馆，让人们去接受豫菜，没想过做到多大的生意，也没想过赚多少钱，反而是最简单的心愿和想法，成就了阿五美食如今的豫菜品牌地位。

很多商人、策划人、经济学者跟我聊天，问我许多企业的策划、选址、推广是怎么想到的，怎么做到的，我觉得当你一心想把每一个事干得漂亮，想为河南、为豫菜创出一片新天地，这些看起来学术性的课题反而没有那么复杂了。就像你跟人打交道，真诚待人，最后很简单地就交到了朋友，而且会越处越好，反而你越想着怎样去取悦他，怎样去设计了很多东西，就麻烦了。老子说大道至简，这十年来，个人变了心态、视野、思路和气质等，企业也变了菜品、环境、服务、营销等，但热爱这个行业的初心，从未变过。

记者：十年间，你有哪些要感谢的人？

樊胜武：要感谢的人特别多，首先是内部的同事员工，没有他们我干不了，这次企业成立了“榜样在身边”宣讲团，宣讲员工的事迹，我听了后非常感动，这么多踏踏实实，爱岗敬业的员工，是企业最大的财富，我需要感谢他们。

2004年樊胜武形象照

第二要感谢客户，客户太忠诚了。我们的客户会员卡将近一半以上都是老会员，这些老会员经常支持你就是最大的动力。最早建业店排队，有位老太太拄着拐杖等半个小时。客户愿意在这等排号，这都是对我们最好的认可和支持。

第三个要感谢的是社会各界人士。朋友，媒体，行业协会以及餐饮同行。我在翻看《印象阿五》书稿的时候，看到这么多朋友表达对阿五复兴豫菜理念的认同，感觉这个队伍越来越壮大了。接下来河南还将成立品牌餐饮联盟，让餐饮行业抱团闯天下，把一个人的事业变成一群人的事业。

记者：十年的时间，对阿五的成长来讲，你联想到什么？

樊胜武：十年的阿五，如果以植物比喻，把种子播下内心，04年开始发芽生长，十年算长成一株小树，已经能经历风雨了，生命力也比较顽强了，但离参天大树，乃至形成森林还有很远。很多人一提到十年前和十年后，都感觉时间飞快，恍如过去还在眼前一样。比如我们五年前搞的活动，我经常觉得就像在去年发生一样，一转眼五年了。五年是一个节点，原来一直奔跑，而马上一晃就又到十年了，企业要保持奔跑的状态中，调整步伐和呼吸，更好的应对新的形势。这十年整体上比较顺利，没有遇到大风大浪，这有赖于阿五从一开始的品牌战略，从来不去做高风险的事情，盲目扩张，大量吸引资金，应该来说知道这十年自己在做什么，也一直是按照自己的计划前行。

记者：个人而言，这十年中有没有新学会的技能和新增加的爱好？

樊胜武：羽毛球和微信都算新的爱好，另外，热爱旅行了。原来出去主要是商务活动，现在是边干事边玩。我觉得学会旅行也是一种境界吧。放下工作去旅行，放松心情去体验，不仅收获很多感悟，也会让视野提升，这样的经历又会反作用于工作上。比如阿五美食经常会做一些改造和调整，因为我在旅行中看到了餐饮行业中新的理念、新的风格的东西，这对企业发展的帮助是起到领先作用的。所以，十年间，从原来的只守着厨房，到守着店，到守着河南省，到现在是放眼全世界。

2013年8月河南餐饮业第一届羽毛球公开赛

记者：十年前的豫菜和现在的豫菜有什么不同？

樊胜武：豫菜的变化很大。十年前可以单独称为豫菜馆的，在全国甚至全世界范围都很少。但是十年后，一说豫菜，不仅走出河南开到了全国，甚至走向了世界。豫菜的势头经过十年的发展，目前在市场上还是比较明显的。这和大环境有关系，和行业共同努力有关系，我对豫菜复兴理念的提出，以及豫菜是各大菜系的母体的说法，现在很多人都认可了。而且媒体也开始主动关注豫菜了，特别是2014年春节大年初二央视新闻频道播出的豫菜掌勺人，影响很大。

但是要看到，这十年，豫菜只能说在郑州、在河南的影响力大了许多，未来的十年我希望在全国产生一些影响。今日豫菜呈现这样的结果，虽说离我的希望还有距离，但已经比较满意了，从河南人自己都看不起豫菜，到现在一些主流活动中主动的推荐品尝豫菜，包括我们马上要举行的“让世界品味中原”暨阿五复兴豫菜十年之路系列活动，更是会对扩大豫菜影响力起到重要的作用。餐饮这个行业没问题，是一个永远的朝阳产业，只要扎扎实实地做，一定有市场。相信豫菜再过十年之后，一定会更好！

可以在这里提前透露一下，阿五美食十周年的活动中，将会有“穿越十年”的就餐体验，你在阿五美食的每一个店内，能以十年前的价格享受到每桌必点的经典菜品。

记者：十年磨一剑，可不可以说阿五现在终于磨出了一把好剑？

樊胜武：十年磨一剑，正是阿五十年间埋头在做的事情。可以说，豫菜现在就如一把利剑，展示给大家看了，这也是亮剑精神。豫菜通过阿五美食这个平台，已经向全世界亮剑了，把自己的优势展现出来，事实上也收到了来自全世界的好评，这在之前是从来没有过的。其实，豫菜品牌是展示河南深厚的文化底蕴的一张名片，河南有太多的好东西，文化太厚重，但是没有组合拳，没有针对性的符号，也就是去倾尽全力打造一把好剑。实际上阿五作为一个餐饮企业，去做了这样的一件事，用十年时间，磨砺豫菜来突显河南文化。希望阿五美食能成为代表河南文化的一个餐饮符号，让全国、全世界的消费者从这一点来认知我们的优秀代表，传播我们的优秀文化。

记者：遇到十年前的自己，你会说些什么？

樊胜武：我会告诉他你做这件事是对的，只是出手有点晚了，应该早点入手，如果早入手效果会比现在更好。我是在2004年创立阿五美食，如果能在90年代中期年开始创业，在餐饮市场高速增长的时期，又是以品牌战略的思路进入，相信豫菜发展的势头会更好。记得当年我被评选为中国餐饮业年度十大人物的时候，和许多沿海地区很早就从事餐饮行业的老板聊天，他们那个时候企业一直在高速增长中，经过时间和实践的沉淀，思路和发展方向已经是从地区转向全国走向世界了，而我们现在才开始朝这个方向努力。如果要说一件十年来能让自己后悔的事，那就是该早点入手创业，不过，阿五的方向没有错，路子走得是正路。只要加快步伐，相信以后的路就会越来越宽！

记者：给未来的十年写封信，下个十年有什么想法？

樊胜武：希望下个十年继续稳健发展，让豫菜真正影响全国，走向世界。同时，自己也能不再局限于太细琐的事物，有更多的时间和精力，作为豫菜推广的形象大使，在更多的场合来为豫菜的复兴尽最大的努力。在生活中，也多一些时间给自己、家人、孩子。总体上希望时间可以我来自由掌控。朝着金钱自由、时间自由、内心自由的境界奋斗。

十年关键词

2004，创业年。

由中国烹饪大师樊胜武先生创办的阿五美食在郑州开业。

2005，菜品创新年。

被河南省商务厅、河南省餐饮协会评为“河南名店”

阿五美食网站开通

2006，标准化管理年。

荣获全国绿色餐饮企业

成立“阿五菜品研发中心”

2007，自我完善年。

荣获“河南十大创新品牌”

中华(阿五)厨艺绝技表演团成立

《阿五家园》内刊成功创办

2008，稳固发展年。

荣获河南省首批豫菜品牌示范店

荣获中华金厨团体奖

荣获第六届中国烹饪世界大赛团体银奖

荣获2007年度中国餐饮百强企业

2009，稳健提升年。

被评选为河南最具价值品牌

荣获第六届全国烹饪大赛团体金奖

被评为郑州豫菜第一品牌

荣获2008年度中国餐饮百强企业

阿五优质服务专业委员会成立

2010，绩效考核年。

荣膺中华餐饮名店

荣获2009年度中国餐饮百强企业

荣获河南省著名商标

荣获全国餐饮业AAA级诚信企业

受邀参加上海世博会、表演中华厨艺绝技

澳大利亚加盟店开业

2011，改革创新实施年。

荣获“郑州十大城市品牌”

荣获“郑州十佳美食企业”

旗下品牌阿五·中和会开业！

荣获马来西亚国际美食嘉年华最高荣誉奖特金奖第一名；

2012，团队建设年。

河南阿五美食有限公司工会正式成立；

荣获“2011年度中国餐饮百强企业”；

荣获“2012年度最受消费者喜爱的餐饮品牌”

荣获马来西亚国际美食嘉年华五枚特金奖；

荣获北京奥林匹克公园国际美食大赛团体金奖；

受邀赴英国伦敦奥运会表演厨艺绝技；

受邀参加第二十二届中国厨师节，展示“天下第一烩面”；

受邀赴荷兰、法国参加第三届“凤凰欧洲中华美食节”；

2013，职业精神年。

荣获河南首家“国际中餐名店”

荣获“2012年度中国餐饮百强企业”；

荣获“河南省首批放心食材使用示范店”；

三度亮相马来西亚国际美食嘉年华，荣获六枚特金奖；

荣膺全国餐饮业首批清洁卫生安全“白百合”示范店；

受邀参加首届“亚洲美食节”，被组委会授予美食节“金牌展位”奖；

“阿五炒饭”、“阿五豆腐”、“鲤鱼焙面”、“樊家卤鸡”获“中国名菜”荣誉称号，“牛肉水煎包”、“厨乡烩面”获“中华名小吃”荣誉称号；

2014，品牌提升年。

阿五美食落户美国，豫菜香飘美利坚。

阿五美食落户法国，开启豫菜新时代。

阿五美食申请“中国驰名商标”。

“让世界品味中原”暨阿五复兴豫菜十年之路系列活动成功举办。

……

豫菜

厨祖伊尹

河南，古称中原，简称“豫”，是华夏文明和中华民族的核心发祥地，曾长达五千年居中国政治、经济、文化、交通中心，更是诞生了洛阳、开封、安阳、郑州中国四大古都。

豫菜是中国餐饮文化的母体，历史久远，博大精深，文化底蕴深厚。

中华厨祖“伊尹”，又名阿衡，生于河南开封，为商朝宰相，中国烹饪的宝典乃伊尹本人所做的《本味篇》，收录在《吕氏春秋》第14卷，后人把伊尹尊为“烹饪师祖”。

《左传》记载，我国烹饪文化史上有文字记载以来第一次正规宴会——夏启时代的“钧台之享”，均台就在河南禹州城南，至今保存“古钧台”遗址。

中国第一个厨师之乡在河南长垣，“宫廷菜”即是豫菜的前身。

我们先来了解一下豫菜基本规范与河南十大名菜。

钧台之享遗址

豫菜基本规范

豫菜在历史上是中国烹饪的主体。发祥于夏代；商、周两代形成制度；经汉、唐的发展于北宋时期渐趋完备；其体例随着朝代的更迭、政治中心的迁徙而传播南北；元代以后在和外来文化的交流中调整变化；清代中后期形成固定风格。中华人民共和国建立后，豫菜在新的社会经济、政治、文化环境中发展、演变，消化并吸收新的物质、文化内容，最终成为带有中国烹饪基本特点以地域冠名的一个体系。

在豫菜发展、传播、交流的历史过程中，中国厨师之乡长垣县的众多厨师发挥了积极作用。为了推动豫菜的发展，规范豫菜制作过程，保证豫菜的制作质量，特制订本标准。

本标准由河南省餐饮与饭店行业协会提出并起草。

本标准起草人：张海林、邢瑞杰、周遂。

本标准于2007年11月15日首次发布。

豫菜基本规范

1本规范规定了豫菜的术语和定义、构成、特征、制作、主要操作规程、质量评定等。

本规定适用于豫菜的制作。

2 下列术语和定义适用于本标准：

2.1 豫菜

豫菜亦称河南菜，是对在带有中原传统文化内涵的烹饪理论认知指导下，运用具备河南地域特点的技术制作的菜肴、面点、筵席的总称。

2.2 红案

红案是对菜肴制作工序和技术人员的总称，包括灶前操作称为灶上和案前操作称为案上两个部分。

2.3 白案

白案又称面案，是对面食、面点制作工序和技术人员的统称。

3 构成

豫菜是由以开封代表的传统豫菜体系逐步演变为以省会郑州为中心的新豫菜体系的。

豫菜以郑州为中心由四个不同的口味区构成。豫东口味居中，恪守传统、扒制类菜肴是为典型，以开封为代表。豫西以洛阳为代表，水席为典型风味，口味稍偏酸。豫南以信阳为代表，炖菜类较为典型，口味稍偏辣。豫北以新乡、安阳为代表，善用土特地产，口味偏重。各个口味区之间在主要制作技术和理论认知方面是基本相同的，各区之间的相邻部分有着较为明显的相互渗透的共存现象。

4 特性

豫菜坚持着由历史和地理、物候条件形成的中国烹饪选料严谨、讲究制汤、五味调和、质味适中的基本传统。更突出和谐、适中，平和适口不刺激是其显著特点。豫菜以咸鲜为基本味型，有甘、酸、苦、辛、咸五种本味和用五种本味搭配、结合的多种复合味型。豫菜的各种味型以相融、相和为度，绝不偏颇是基本原则。为适应顾客的特殊口味需要，豫菜的一些菜品随菜另带调料，由顾客自便。

5 原材料

豫菜选用所有可食的动物性、植物性、矿物性的干、鲜原料以不同的主料、配料、调料组合成物性中和的菜点。豫菜在原料的初加工中极重南北干货的发制，有独特的涨发之功。

豫菜亦重鲜活，极善烹制鲤鱼、青虾、甲鱼、鳝鱼等河湖之鲜。在配料（又称配头）的使用中按时令、物产分为四季配头、常年配头；按配头的段、块、片、条、棒、丝、丁、粒、茸的不同形状，分为大配头、小配头；按烹调要求和食用需要分为内配头、外配头、外带配头。在调料的使用中重视自制如葱椒、糖色；强调地方风味特产如小磨香油、西瓜豆瓣酱、传统大豆发酵酱油。在烹制过程中用以肉、骨、菇不同原料熬制的头汤、奶汤、清汤素汤调味、和味、提鲜、增鲜。

6 制作

6.1豫菜制作的常用技法为：烤、熏、烙、烘、焗、炙、煮、烧、煨、炖、熬、烩、焖、卤、汆、浸、涮、扒、炸、煎、贴、塌、淋、炒、爆、煸、凹、熘、烹、炝、糟、醉、渍、拔丝、琉璃、挂霜、琥珀等，上述单项技法项下还有以不同的原料处理方法、不同的手法处理的小项，如炸项之下的清炸、软炸、干炸、焦炸、纸包炸。两种以上的单项技法配合使用称为复合技法，如煎焖、蒸扒、炸熘。

6.2 豫菜最具特点的技法是：箅扒、软熘、烧烤、葱椒炝。

箅扒的工艺特点是将原料铺在竹锅箅上下锅扒制。软熘是以生料下锅顿火浆熟后再行熘制。豫菜的烧烤是焖炉烤制。葱椒炝是在炝制过程中加入特制的葱椒而形成的独特风味。

6.3 豫菜传统菜点的名品为：汴京烤鸭、烤方肋、清汤鲍鱼、冰糖燕菜、白扒广肚、奶汤炖广肚、白扒鱼翅、葱烧海参、油靠大虾，紫炸酥肉、酸辣乌鱼蛋汤、清汤东坡肉、牡丹燕菜、锅贴豆腐、铁锅烤蛋、琥珀冬瓜、桂花皮丝、煎藕饼、炸八块、爆双脆、炸核桃腰、炸瓦块鱼、套四宝、陈煮鱼、京东菜扒羊肉、烩三袋、生汆丸子、炖斩肉、煎扒青鱼头尾、葱椒炝鱼片、糖醋软熘黄河鲤鱼焙面、清蒸头尾炒鱼丝、卤煮黄香管、果汁龙鳞虾、兰花竹荪、芙蓉海参、清汤荷花莲蓬鸡、决明兜子、扒山珍、绣球干贝、乌龙蟠珠、桶子鸡、灌汤包子、吊卤细面、切馅烧卖、高炉烧饼、双麻火烧、开封拉面、韭头菜盒、鸡蛋灌饼、羊肉烩馍、杠油馍、水煎包、水花糖糕、羊肉装馍、开花馍、蒸饺、刀切龙须面。

6.4 豫菜的筵席程式原则：筵席是菜点按不同的就餐需要而进行的不同数量的有机组合。传统的程式为：干鲜果品——进门小食（点心）——冷菜——头菜（头汤）——酒菜——饭菜——面饭，整个筵席过程中有视顾客的需要而进行的口味调整和席间点心的穿插使用。筵席组合的原则是：应事而设，数量适当，搭配合理，口味多变，工艺丰富，风格统一。

6.5 豫菜的传统炊具：铸铁锅：壁、底较厚，不燎边、利爆炒，按烹炒、烧烩、制汤的不同需要使用1.4尺到1.6尺的口径。宽背刀：背略宽，刀刃呈弧形，前切、后剁、中间片、背砸泥、把捣蒜，一刀多用。椭圆勺：有炒勺、汤勺、漏勺之分，豫菜的炒勺出菜盛装，方便成形。

7 工种和操作程序

7.1 豫菜以红白两案统称技术人员。制作菜肴为红案，分为灶上、案上，灶上烹制菜肴，又分头灶（灶头）、二灶、三灶、四灶、拉汤，分别制作头菜、爆炒菜、烧烩菜、炸制菜、制汤等，在菜肴盛装后，负责菜品整理、装饰的称为流水案或供下作。案上切配原料、确定品种，是菜肴烹制的前提和关键，有头案（案子头）、二案、三案、四案的分别，分别切配头菜、酒菜、饭菜等。白案又称面案，是制作面食、面点的人员，主持者亦称为案头。分工较细的大型豫菜馆还有从属于案、灶的专门制作冷菜的拼盘，和专门负责蒸笼的大锅。协调案灶出品，保证质量的技术管理人员称作执事。

7.2 豫菜将操作程序称为八作：工前准备为劳作：干货涨发为发作；原材料处理为淘作、投作、原材料初加工为汆作；原材料补充为补作；原材料晾晒为晾作；工后清理为收作；带料外工为落作。

8 质量评定

8.1 豫菜菜点质量评定的基本原理是：以“味”为中心，将“色、香、味、形、器”作为一个整体进行综合考量。在对具体菜点品种评审时采用色、香、味、形、器、质、养分项评定的方法。

8.1.1 色

要求突出原料的本色，把握住工艺色，使用天然色素，杜绝人工合成色素的使用。

8.1.2 香

以彰显原料的自然香气为主，人工的调和香气为改善某些原料的不良气味服务，不过分使用。

8.1.3 味

突出本味，无味之物才赋予调和之味，要求是醇厚肥美但不杠不腻；清淡爽脆而不寡不生；味和性平。

8.1.4 形

以有利成熟，方便食用为前提而追求美观，不片面求形美而伤质味，各类刀口要厚薄均匀、整齐划一。

8.1.5 器

器皿的形与色与菜点的形与色要吻合协调；器皿之材质要与菜品的档次配合；忌贵器贱食。

8.1.6 质

质是味的载体，质感是原料或加工后的主料、配料所应该具有的脆、嫩、软、筋、柔、烂、焦、酥的口感。要求突出原质、体现工艺、恰到好处，不过不欠。如脆而不生、筋柔不韧。

8.1.7养

养是要求经过烹调加工后的菜点能最大限度地保持原料原有的营养成分，祛除有害成分。并经合理搭配使菜品物性中和，不偏热、偏寒。

8.2 定量

单个菜品的定量是以一定的毛利率所产生的售价及盘径来确定。筵席的品种数量根据价格标准和就餐人数确定。菜肴盛装于盛器后不欠不溢，筵席品种数量以保证需要为前提。

豫菜十大名菜

【糖醋软熘鲤鱼焙面】

糖醋软熘鲤鱼焙面又称熘鱼焙面、鲤鱼焙面，是豫菜的历史名菜。

此菜名，首先在鲤鱼，河南得黄河中下游之利，金色鲤鱼，历代珍品。“岂其食鱼、必河之鲤”，此鱼上市，宋代曾有“不惜百金持于归”之语，可见之珍。其二是豫菜的软熘，他以活汁而闻名。所谓活汁，历来两解，一是熘鱼之汁需达到泛出泡花的程度，称作汁要烘活；二是取方言中和、活之谐音，糖、醋、油三物，甜、咸、酸三味要在高温下，在搅拌中充分融和，各物、各味俱在但均不出头，你中有我；我中有你；不见油；不见糖；不见醋；甜中透酸；酸中透咸，鱼肉肥嫩爽口而不腻。鱼肉食完而汁不尽，上火回汁，下入精细的焙面，热汁酥面，口感极妙。

【煎扒青鱼头尾】

此菜清末民初便享誉中原，素有“奇味”之称。他以大青鱼为主料，取头尾巧施刀工，摆置扒盘两端，鱼肉剁块圆铺在头尾之间。下锅两面煎黄后以冬笋、香菇、葱段为配料，上锅箅高汤旺火扒制，中小火收汁。汁浓鱼透、色泽红亮。食时头酥肉嫩，香味醇厚。民国初年，康有为游学汴京，尝此菜后有“味烹侯鲭”之赞，康君知味，意犹未尽，又书扇面“海内存知己小弟康有为”赠又一村灶头黄润生，成一段文人、名厨相交之佳话。

【炸紫酥肉】

炸紫酥肉号称赛烤鸭，此菜选用猪硬五花肉，经浸煮、压平、片皮处理，用葱、姜、大茴、紫苏叶及调料腌渍入味后蒸熟，再入油炸四五十分钟。炸时用香醋反复涂抹肉皮，直至呈金红色，皮亦酥脆，切片装碟，以葱白、甜面酱、荷叶夹或薄饼佐食，酥脆香美、肥而不腻，似烤鸭而胜烤鸭。

【大葱烧海参】

葱与海参应属佳配。葱又名和事草，乃辛、温之物，海参虽珍，物性有微寒，以葱辅之、和之，则海参得以显其功。此菜看似简单，其实很见功力。海参涨发要好，达到柔软、润滑却又有韧性的程度。过之则烂，欠之则脆。再则是烧，火候要够，好汤武火，收汁至浓，海参方能入味。另外，葱要用好，必是大葱，寸段之葱白，炸黄出香，才有与海参相配之口味。

【牡丹燕菜】

牡丹燕菜，原名洛阳燕菜。洛阳之外多称素燕菜或假燕菜，也是洛阳水席之头菜。此菜制作十分精细，它以白萝卜切细丝，浸泡、空干、拌上好的绿豆粉芡上笼稍蒸后，入凉水中撕散，麻上盐味。再蒸成颇似燕窝之丝。此时配以蟹柳、海参、火腿、笋丝等物再上笼蒸透，然后以清汤加盐、味精、胡椒粉、香油浇入既成。其味醇、质爽，十分利口。1973年周恩来总理陪加拿大总理食此菜，见洛阳名厨王胡子将蒸制雕刻而成的牡丹花点缀其上，遂戏言道："洛阳牡丹甲天下，菜中生花了"，自此，易名为牡丹燕菜。

【扒广肚】

广肚唐代已成贡品，宋代渐入酒肆。千百年来均属珍品之列。此物入菜，七分在发，三分的烹制最佳是扒。豫菜的扒，以箅扒独树一帜。数百年来，"扒菜不勾芡，功到自然粘"，成为厨人与食客的共同标准与追求。扒广肚作为传统高档筵席广肚席的头菜，是这一标准的和追求的体现。此菜将质地绵软白亮的广肚片片，氽杀后铺在竹扒箅上，用上好的奶汤小武火扒制而成。成品柔、嫩、醇、美，汤汁白亮光润，故又名白扒广肚。

【汴京烤鸭】

汴京自古有江北水城之誉。故不乏鸭类菜肴。汴京燠鸭，宋时便是市肆名菜。燠者乃是以炉灰煨炙之法熟之，后演变为以果木明火烤炙而成，便以烤鸭取代燠鸭为治鸭之主流之法，北宋后传入北方。汴京烤鸭风行千年而不废，皮酥肉嫩，以荷叶饼、甜面酱、菊花葱、蝴蝶萝卜佐食，以骨架汤、绿豆面条添味，当是一道大餐。

【炸八块】

响堂报菜，多出妙语。河南酒楼堂倌"一只鸡子剁八瓣，又香又嫩又好看"的唱词便是其一。这八瓣之鸡就是叫响了二百余年的炸八块。此菜是用秋末之小公鸡两腿四块，鸡膀连脯四块，以料酒、精盐、酱油、姜汁腌麻入味后，旺火中油入锅，顿火浆透，升温再炸，使其外脆里嫩。食时佐以椒盐或辣酱油，及其爽口。此菜是鲁迅当年爱吃的四个豫菜之一，作家姚雪垠有"我最喜欢河南的炸八块又香又嫩"的赞语。

【葱扒羊肉】

羊是祥，历史上是贵族食品。宋代汴京72家正店均以羊肉为主要原料。羊肉性温，老少咸宜。此菜选用熟制后的肥肋条肉，切条，配炸黄的葱段、玉兰片铺至锅箅上，添高汤，下作料用中武火扒制，至汁浓后翻入盘内，锅中汤汁勾流水芡，少下花椒油起锅浇汁即成，成菜软香适口，醇厚绵长。

【清汤鲍鱼】

鲍鱼，又称腹鱼、决明，肉极鲜嫩，乃海中珍品。宋代酒楼就多有应市，决明兜子是为代表作。清汤鲍鱼亦称清汤汆鲍鱼，是将加工后的鲍鱼片片，青豆、火腿片为配，放入海碗中，用兑入作料的上好清汤冲入碗内即成。此菜靠清汤汆制，汤清味醇，鲍鱼鲜嫩，是极爽口而又回味极长的佳作，颇能说明豫菜讲究制汤、用汤，淡而不薄之功力所在。

跟着阿五学美食

阿五美食由中国烹饪大师樊胜武先生于2004年在郑州创办，主营新派豫菜、精品家常菜。经过十年不断创新研发，已有数十道菜品荣获“中国名菜”“专利菜品”，深受食客喜爱。

本书征得樊胜武先生及阿五菜品研发中心同意后，首次面向大众公开阿五美食标准菜谱。

樊家卤鸡

中国名菜

2013年河南十大味道名鸡

菜品简介：

此菜选用散养柴鸡，宰杀后风干入油锅炸，再放入特制卤汤中浸约3小时出锅食用。最大的特色是在卤汤中加入人参、当归等多味滋补药材，使卤鸡具有一定的滋补性，成品色泽红亮、咸香味美、酥烂脱骨，并有滋阴补肾之功效。

特点：色泽红亮，鲜咸味美

主料：柴鸡

辅料：花椒、小茴香、八角、桂皮、丁香、白芷、三奈、草果、肉扣、白扣、良姜、香叶、当归、小人参

调料：料酒、精盐、卤汤、生抽、老抽、家乐鸡粉

工艺流程：

1.柴鸡宰杀洗净，控干水分；

2.锅内加水烧开，加入麦芽糖搅匀，放入鸡烫一下捞出晾干；

3.将油倒入锅中，烧至八成热下入柴鸡，炸至金黄色捞出；

4.将炸好的鸡下入卤汤内加香料、调料用大火烧开后换小火卤制约8小时至酥烂即可；

5.上桌前去骨用手撕成条状装盘即可。

一品蛋酥

菜品简介：

豫菜传统名菜，相传是慈禧老佛爷的最爱。阿五厨师改良蛋酥制作工艺，制作出的"一品蛋酥"口感酥脆，且无油腻之感，制作过程中降低了糖分的摄取，使蛋酥更加健康，更具营养价值，一经推出即受食客喜爱。同时，一品蛋酥金黄的外表，形似金条，寓意财源滚滚。

特点：色泽金黄，香甜酥脆

主料：鸡蛋

辅料：白芝麻、装饰饼干、胡萝卜

调料：白糖、油

工艺流程：

1.鸡蛋去壳放入盆中，加入白糖后打散，搅拌均匀备用；

2.锅内放入油烧至六成热，将鸡蛋下入炸至金黄色捞出沥干油；

3.炸好的鸡蛋倒入托盘内压制成形，切块装盘；

4.胡萝卜切细丝，入油锅炸至金黄色，点缀在蛋酥上即可。

五香牛肉

河南五大卤味

菜品简介：

牛肉富含丰富的蛋白质；常食有补中益气，滋养脾胃，强健筋骨，化痰息风，止渴止涎之功效。五香牛肉，选用优质黄牛腱子肉，不加任何色素、亚硝酸盐等有害物质，原色原味，鲜咸味美。

特点：色泽自然，鲜咸味美

主料：牛腱
香料：花椒、八角、桂皮、小茴香、草果、良姜、白芷、香叶、大葱、姜
调料：料酒、精盐、白酒、生抽、家乐鸡粉
工艺流程：
1.牛腱冲洗干净，切块备用；
2.将切好的牛腱加葱姜、料酒、盐、生抽，腌制两天备用；
3.将腌制好的牛腱过开水放入卤汤内，加入香料、料酒、精盐、家乐鸡粉大火卤制成熟即可；
4.将卤好的牛腱切片装盘，配葱段一同上桌即可食用。

三色蒸菜

菜品简介：

蒸是一种重要的烹调方法，我国素有“无菜不蒸”的说法。三色蒸菜，采用绿色健康蔬菜蒸制而成，三色三味，造型美观，保持了菜肴的原汁、原味，能在很大程度上保存菜的各种营养素，是河南传统风味名菜。

特色：三色三味，鲜咸味美

主料：胡萝卜、芹菜叶、紫甘蓝
辅料：玉米粉芡、面粉、芝麻、蛋清
调料：精盐、香油、蒜泥、清油、家乐鸡粉
工艺流程：

1.将胡萝卜洗净切丝，芹菜叶、紫甘蓝切丝择洗干净；

2.胡萝卜丝中加入玉米粉芡，芹菜叶、紫甘蓝中各加入面粉、蛋清、清油拌匀，上笼蒸5分钟待用；

3.将蒸好的萝卜丝、芹菜叶、紫甘蓝各加入调料拌匀，分开装盘即可。

锦鲤皮冻

菜品简介：

皮冻，美容上品。含有大量的胶原蛋白质，不但韧性好，色、香、味、口感俱佳，有保持皮肤湿润，延缓皮肤的衰老之功效。选料用心、精心熬制，皮冻做成鲤鱼状，犹如一尾锦鲤摆尾游动，生趣盎然，颇受欢迎。

特点：色如琥珀，形似锦鲤，鲜咸味美，口感滑嫩

主料：猪皮

调料：水、香叶、花椒、八角、小茴香、生姜、老抽、精盐

工艺流程：

1.将猪皮洗净、焯水、去油去毛；

2.将洗好的猪皮改刀成条，倒入水中，加入调料、卤鸡架，大火烧开，小火熬制5小时左右，盛入模具内晾凉；

3.走菜时用刀切成片，原形状装盘，带上蒜汁即可。

翡翠菠菜

菜品简介:

菠菜色泽翠绿,营养丰富,一般以炒、拌为主。经过阿五厨师的改良,将菠菜做成食方,绿如翡翠,口感软嫩,是阿五的一道经典凉菜。

特点:色如翡翠,鲜咸味美

主料:菠菜、鸡蛋

调料:海鲜酱、芝麻酱、精盐、蒜茸、蚝油、香油、家乐鸡粉

工艺流程:

1.将菠菜去根洗净;

2.锅内加水烧开,下入菠菜,快速焯水,捞出冲凉;

3.将菠菜沥干水分加精盐、香油、调料、鸡蛋拌匀;

4.将拌匀的菠菜摊入托盘内,抹平,上笼蒸制8分钟取出晾凉;

5.走菜时改刀装盘。

6.将调料拌匀,菠菜沾汁食用。

捣蒜茄子

菜品简介：

此菜是河南农家风味中的代表菜，制作方法简单，口味家常，是一款老少皆宜的美味凉菜。

特点：蒜香浓郁，软香可口

主料：茄子

调料：精盐、陈醋、香油、葱油、蒜泥

1.茄子去皮切片，上笼蒸熟；

2.取出晾凉，撕成小拇指粗细的条；

3.将撕好条的茄子放入盆内，加调料拌匀，装碗即可。

酱香熏鱼

菜品简介：

草鱼，四大淡水鱼之一，肉质细腻，鲜美可口。此菜经过腌、炸、收汁等多道工序，制作出的成品，色泽红亮、香气扑鼻。

特点：色泽红亮，酱香浓郁。

主料：草鱼

辅料：葱、姜

调料：海鲜酱、盐、家乐沙司、冰糖、老抽、料酒、清水、色拉油

工艺流程：

1.将洗干净的草鱼改刀成瓦楞块，用盐、料酒、葱姜腌制30分钟备用；

2.将腌好的鱼块搌干水分，下入六成热的油锅中炸至金黄色捞出备用；

3.锅内留底油，将葱、姜、海鲜酱、家乐沙司炒香，加清水及其他调料烧开；

4.将炸好的鱼块放入，大火烧开，小火收汁，至汤汁包裹在鱼块上，淋入明油，出锅即可。

阿五豆腐

中国名菜

第二届全国豆腐类菜肴烹饪大赛金奖

菜品简介：

阿五豆腐是中国烹饪大师樊胜武先生独创的一道汤菜，单品已累积销售过亿元！2008年10月，国际巨星成龙先生一行来到河南，专程品尝此菜，成龙先生一下连喝三碗，此菜也被大家戏称为“成三碗”。

特点：色泽红润，鲜咸味美，营养丰富，老少皆宜

主料：绢豆腐

辅料：红番茄、香葱、鲜虾仁

调料：精盐、油、生粉、高汤、蒜蓉辣椒酱、家乐鸡汁

工艺流程：

1.番茄用开水烫一下，捞出去皮切丁；

2.绢豆腐切菱形片；

3.锅内倒入油烧热，放入蒜茸辣椒酱炒香后倒入番茄丁炒约1分钟；

4.添入高汤，烧开撇去浮沫，加入盐、家乐鸡汁调味，下入豆腐；

5.待烧开后，勾芡，倒入盛器内撒入虾仁、香葱即可。

阿五炒饭

中国名菜

餐饮业产品质量体系认定证书

兹证明

河南阿五美食有限公司

中国名菜

符合《中国烹饪协会统一认定管理办法》

产品质量体系认定标准 CCA/R 2011:02

认定为

阿五炒饭

签发人：

菜品简介：

此菜是由中国烹饪大师樊胜武先生独创的一款特色菜。

制作时要单锅慢炒，保证每一粒米饭都和锅底充分接触，由于米粒底部受热，便会自动弹起，就像在跳舞一样，故称其为“会跳舞的米饭”。因配料丰富、菜饭各半，故将“饭”当成“菜”来卖，此菜2013年荣获“中国名菜”称号，单品已累积销售过亿元！

特点：色泽美观，口感筋软，鲜香味美，营养丰富

主料：大米

辅料：黄瓜、玉米粒、红萝卜、洋葱、熟牛肉、柴鸡蛋

调料：家乐豉油、奶粉、纯牛奶、葱油

工艺流程：

1.大米加纯净水、纯牛奶上笼蒸熟取出。

2.黄瓜、胡萝卜、牛肉切粒，洋葱切丁炸至金黄待用；

3.锅内下入葱油烧热下入鸡蛋炒至金黄，下入切好的辅料炒熟；

4.下入蒸熟的米饭翻炒均匀，炒出湿气；

5.最后加入家乐豉油、奶粉翻炒均匀即可。

海参胡辣汤

菜品简介：

胡辣汤是豫菜中最有特点的汤羹之一，辣而不烈、糊不浓口；海参，是海中八大珍品之一，具有很高的食用价值，阿五美食创造性地把海参与胡辣汤完美结合，营养均衡，实属佳配。

特点：汤浓味厚，鲜咸微辣

主料：水发海参

辅料：黄花菜、花生米、面筋、牛肉、粉条、木耳

调料：精盐、胡椒粉、胡辣汤料、老抽、湿生粉、高汤、白芝麻、家乐鸡汁

工艺流程：

1.海参加入蚝油、鲍汁、高汤、葱姜提前煨制入味；

2.黄花菜、木耳泡开，择洗干净切小段，花生米泡开煮熟，面筋、牛肉切小片，粉条泡开，改刀成段；

3.将黄花菜、面筋、花生米、粉条、木耳过水，锅中加高汤、辅料、盐、胡椒粉、胡辣汤料，勾芡装入盛器中，放入煨透的海参即可。

鲤鱼焙面

中国名菜

菜品简介：

鲤鱼焙面，是豫菜的历史名菜。

此菜名，首先在鲤鱼，河南得黄河中下游之利，金色鲤鱼，历代珍品。“岂其食鱼、必河之鲤”，此鱼上市，宋代曾有“不惜百金持于归”之语，可见之珍。其二是豫菜的软熘，他以活汁而闻名。所谓活汁，历来两解，一是熘鱼之汁需达到泛出泡花的程度，称作汁要烘活；二是取方言中和、活之谐音，糖、醋、油三物，甜、咸、酸三味要在高温下，在搅拌中充分融和，各物、各味俱在但均不出头，你中有我；我中有你；不见油；不见糖；不见醋；甜中透酸；酸中透咸，鱼肉肥嫩爽口而不腻。鱼肉食完而汁不尽，上火回汁，下入精细的焙面，热汁酥面，口感极妙。

特点：外软里嫩，酸甜适口

主料：黄河鲤鱼

辅料：龙须面、蒜粒、鸡蛋清

调料：精盐、白糖、陈醋、清水、料酒、家乐沙司、生粉、色拉油

工艺流程：

1.将鲤鱼宰杀洗净，解牡丹花刀；

2.用精盐、料酒腌制20分钟；

3.蛋清、生粉、盐拌匀，均匀地抹在鱼身上；

4.锅内添油烧至6成热，下入鲤鱼炸至断生，离火浆熟，捞出控油；

5.把调料兑成糖醋汁，下入锅中烧开，放入鲤鱼，小火溜至入味，放入蒜茸，捞出装盘；

6.余汁熬至黏稠，加油烘汁，浇在鱼身上，上桌时配龙须面即可。

阿五炒软兜

菜品简介：

鳝鱼，又称黄鳝，性味甘温，有益血补虚之功效。鱼骨经炸后配椒盐使用，酥脆可口。

特点：口感软香，鲜咸微辣

主料：鳝鱼

辅料：蒜片、姜

调料：料酒、陈醋、白糖、胡椒粉、精盐、大油、葱油、高汤、家乐鸡汁

工艺流程：

1.锅中注入清水，下入葱姜、料酒、陈醋、精盐，放入鳝鱼盖上锅盖，烫透即可；

2.用竹签将鳝鱼肉剔出，鳝骨切段，用油炸至酥脆，捞出撒上椒盐；

3.锅内添高汤，加料酒、盐，放入鳝鱼，煨一下捞出；

4.锅内下大油、葱油，放入蒜片炒香，放入鳝鱼，倒入兑好的汁，翻炒均匀，盛入烧热的铁板中即可。

大葱烧海参

河南十大名菜

菜品简介：

葱与海参应属佳配。葱又名和事草，乃辛、温之物，海参虽珍，物性有微寒，以葱辅之、和之，则海参得以显其功。此菜看似简单，其实很见功力。海参涨发要好，达到柔软、润滑却又有韧性的程度。过之则烂，欠之则脆。再则是烧，火候要够，好汤武火，收汁至浓，海参方能入味。另外，葱要用好，必是大葱，寸段之葱白，炸黄出香，才有与海参相配之口味。

特点：色泽红亮，鲜咸味美，入口滑嫩，葱香怡人

主料：水发海参

辅料：大葱、姜片

调料：精盐、料酒、蚝油、老抽、湿淀粉、花椒油、猪油、葱油、高汤、家乐鸡汁

工艺流程：

1.将海参片大片，葱切段；

2.锅内添水烧开、加精盐、料酒，放入海参焯一下；

3.锅上火下入猪油、葱油，把葱段煸炒至金黄色，添入高汤，放入海参并调味；

4.煨制3分钟入味，勾湿淀粉翻炒均匀，淋入花椒油盛入盘中即可。

阿五烤鸭

菜品介绍:

汴京自古有江北水城之誉。故不乏鸭类菜肴。汴京爊鸭,宋时便是市肆名菜。爊者乃是以炉灰煨炙之法熟之,后演变为以果木明火烤炙而成,便以烤鸭取代爊鸭为治鸭之主流之法,北宋后传入北方。汴京烤鸭风行千年而不废,皮酥肉嫩,以荷叶饼、甜面酱、菊花葱、蝴蝶萝卜佐食,以骨架汤、绿豆面条添味,当是一道大餐。

阿五烤鸭在原有烤鸭基础上,减少油脂,增加辅料,更加符合现代人的饮食需求。

特点:色泽红亮,外焦里嫩,肥而不腻,营养美味

主料:填鸭

辅料:鸭饼、鸭酱、葱丝、黄瓜条、哈密瓜条、白糖、麦芽糖

调料:十三香、海鲜酱、蜂蜜、香油、胡椒粉

工艺流程:

1.填鸭去除鸭爪、鸭翅,鸭肋处开一小口,掏出内脏,清洗干净。

2.从鸭肋开口处充气,均匀地充满全身。

3.烧一锅开水,往鸭皮上淋,直至鸭皮收缩。

4.将麦芽糖水淋浇在鸭身上色,挂起风干。

5.风干鸭子后入冰箱冷冻然后拿出再次风干。

6.鸭炉加热后放入鸭子,120度烤制1小时至鸭皮成暗红色。

7.将调料熬制成鸭酱。

8.将烤好的鸭子片成薄片儿,配以鸭酱、黄瓜条、哈密瓜条、白糖、葱丝、鸭饼卷食。

酸辣广肚

河南十大名菜

菜品简介：

广肚唐代已成贡品，宋代渐入酒肆。千百年来均属珍品之列。此物入菜，七分在发，三分的烹制最佳是扒。豫菜的扒，以箅扒独树一帜。数百年来，"扒菜不勾芡，功到自然粘"，成为厨人与食客的共同标准与追求。广肚作为传统高档筵席广肚席的头菜，是这一标准的和追求的体现。此菜将质地绵软白亮的广肚片片，汆杀后铺在竹扒箅上，用上好的奶汤小武火扒制而成。成品柔、嫩、醇、美，汤汁白亮光润，故又名白扒广肚。

酸辣广肚是在扒广肚的基础上，加入了适当的酸辣味，更加爽口美味。

特点：色泽红亮，酸辣适口

主料：发好的广肚

辅料：青菜心、干辣椒、葱姜、胡萝卜

调料：精盐、红油、葱油、生粉、高汤、家乐鸡粉

工艺流程：

1.将发好的广肚洗净去油气片成片待用，葱姜、辣椒切丝；

2.将青菜择洗干净插入胡萝卜条焯水，摆入盘边；

3.将广肚焯水后捞出控水；

4.起锅入葱油，放入葱，姜、辣椒丝炒香，添加高汤，下入鱼肚和调味料；

5.广肚烧至入味，勾薄欠，淋上红油，翻炒均匀，盛入盘中即可。

阿五熬炒鸡

菜品简介：

熬炒鸡是河南乡土风味菜，选用柴鸡煸炒，配以长垣特产绿豆粉皮熬炒，上覆炕饼，菜面结合，鲜咸微辣。

特点：软香可口，咸鲜微辣

主料：柴鸡、炕饼

辅料：绿豆粉皮、青红椒片、葱姜蒜

调料：八角、花椒、精盐、料酒、老抽、糖色、油、豆瓣酱、白芷、桂皮、家乐鸡粉

工艺流程：

1.将柴鸡去头、脖、爪、内脏、清洗干净切块，用热水焯一下待用；

2.锅内加油，下入葱姜蒜、八角、花椒、白芷、桂皮炒香，下入鸡块、豆瓣酱、老抽、糖色煸炒至断生，着色；

3.添入清水及调料烧开，熬炒至八成熟，下入粉皮，烧至粉皮熟透汁浓，盛入盘中，摆上煎好的炕饼即可食用。

白煨羊肉

菜品简介：

羊肉，有益气补虚、稳中暖下之功效。此菜以新鲜羊肉为主料，配以白菜、牛奶用高汤煨制而成，色泽洁白、味道鲜浓，煨好的羊肉再淋上几滴辣椒油和少许香菜，无论色或味，都是一款不错的汤菜。

特点：汤味奶白，鲜香味醇，口感柔嫩，咸鲜微辣

主料：羊肉

辅料：白菜叶、葱、姜、干辣椒、香菜

调料：葱油、红油、精盐、胡椒粉、高汤、鲜奶、家乐鸡粉

工艺流程：

1.将羊肉泡出血水，加葱姜、盐用水煮熟，晾凉；

2.将煮熟的羊肉切片，白菜叶洗净，改刀，干椒切段，葱姜切片；

3.锅内下葱油，放入葱姜片、辣椒炒香，下入白菜翻炒，加高汤，放入羊肉，炖约5分钟；

4.出锅前加入调料调味，再撒上香菜，淋上红油即可。

锅贴豆腐

菜品简介：

锅贴豆腐，河南名菜，半煎半炸，形似金砖。豆腐中蛋白质含量丰富，补充钙质，加入鱼肉，口感更是与众不同。

特点：色泽金黄，咸鲜可口，外焦里嫩，口感细腻

主料：绢豆腐、净鱼肉
辅料：鸡蛋、干生粉
调料：A料：精盐、料酒、葱、姜、花椒水、大油
B料：蛋清、白醋、泡打粉、湿芡粉、色拉油

工艺流程：

1.将鱼肉去皮去刺，切成长条状，放入清水中漂去血水；

2.将鱼肉控干水分，放入搅拌机中制成泥；

3.将绢豆腐控干水放入搅拌机中打碎，掺入鱼泥中；

4.将鱼泥中加入A料，搅打上劲，制成豆腐鱼胶；

5.将鸡蛋磕开，取蛋清加盐3克，搅打均匀，用不粘锅煎成皮20张；

6.将煎好的蛋皮铺开抹上生粉，后抹上鱼胶，厚为1cm，再盖上一层抹好生粉的蛋皮，入笼蒸4分钟取出；

7.B料打成糊涂在蒸好的豆腐上；

8.锅上火添油烧至6成热，下入豆腐，剩余的糊均匀淋在豆腐上，炸至金黄色捞出，改刀装盘即可食用。

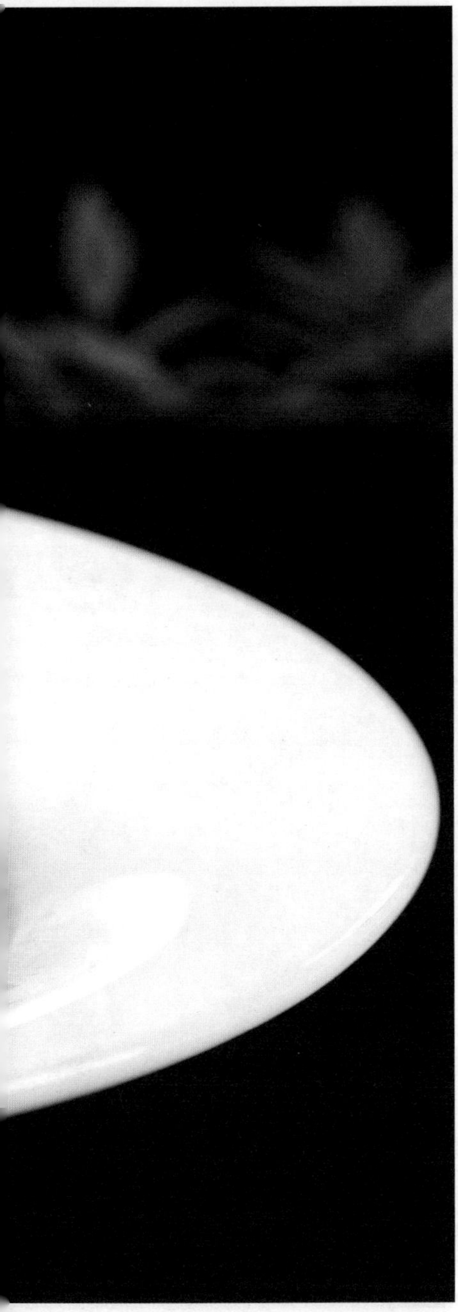

肉丝带底

河南名菜

菜品简介：

“肉丝带底”是中国厨师之乡长垣的一道名菜。选用的是长垣绿豆粉皮，经浸泡切丝，拌好后放入碗中，与炒好的肉丝一同上菜，是一款热菜凉吃、鲜咸味美、荤素搭配的经典菜肴。

特点：凉菜热吃，酸辣适口

主料：绿豆粉皮

辅料：里脊肉、芹菜、葱姜丝

调料：精盐、芝麻酱、陈醋、白醋、生抽、老抽、香油、芥末、蒜泥、家乐鸡汁

工艺流程：

1.将调料兑成汁；

2.将粉皮泡软切条；

3.锅上加水烧开，下入粉皮煮透，过凉盛入盘中，浇上兑好的汁，淋上芝麻酱；

4.芹菜洗净切段，里脊肉切丝；

5.锅内留油，下入葱姜丝炒香，放入肉丝芹菜炒散，放入调料、高汤入味，盛在粉皮上即可。

炸八块

河南十大名菜

菜品简介：

响堂报菜，多出妙语。河南酒楼堂倌“一只鸡子剁八瓣，又香又嫩又好看”的唱词便是其一。这八瓣之鸡就是叫响了二百余年的炸八块。此菜是用秋末之小公鸡两腿四块，鸡膀连脯四块，以料酒、精盐、酱油、姜汁腌麻入味后，旺火中油入锅，顿火浆透，升温再炸，使其外脆里嫩。食时佐以椒盐或辣酱油，及其爽口。此菜是鲁迅当年爱吃的四个豫菜之一，作家姚雪垠有“我最喜欢河南的炸八块又香又嫩”的赞语。

特点：外焦里嫩，咸香可口

主料：鸡腿

辅料：葱姜、生粉、蛋清

调料：精盐、老抽、胡椒粉、料酒、八角、花椒、花椒盐

工艺流程：

1.鸡腿洗净，顺着骨头划一刀，将骨头从一头掀到另一头连着肉，用刀尖将鸡筋斩一下，放入调料腌渍30分钟；

2.锅上火烧油至六成热，鸡腿用生粉、蛋清上浆，下入油锅炸至脆皮，离火浆至鸡腿浮出油面，捞出；

3.把油温升到七成热，下入鸡腿，炸至枣红色，捞出控油，撒上花椒盐，腿骨用锡纸包好装盘即可。

鱼头烩面

菜品简介：

阿五特色菜，单品已累积销售过亿元。采用信阳南湾鱼头，配以阿五秘制开胃料汁，加入河南烩面，面的筋道和鱼头汁的相溶，尝一口，别有一番滋味。鱼头烩面，即食鱼肉之鲜美，又可食烩面之柔韧，一举两得。

特点：菜面结合，香辣开胃

主料：花鲢鱼头

辅料：枸杞、菊花瓣、香葱花、葱姜、蒜茸、小米椒、

料汁配方：桂皮、良姜、八角、草果、陈皮、香砂、荜拔、白芷、香叶、肉扣、花椒、丁香、小茴香、白扣、香菜根、色拉油、羊油、牛油、麦淇淋、香油

调料：辣椒酱、豆豉、蒸鱼豉油、啤酒、家乐鸡精、蚝油、白醋、家乐豉油

工艺流程：

1.鱼头刮麟、去腮，从下唇部劈开，顶相连，洗净，加葱姜、料酒腌制；

2.秘制料汁：将葱姜蒜放入料油炸香，加入酱辣椒、小米椒、蒸鱼豉油、啤酒、蚝油、白醋、香油熬开即可。

3.将家乐豉油、开胃料汁浇在鱼头上，蒸12分钟左右取出；

4.撒上香葱、菊花、枸杞、用热油浇在上面即可。

茄汁虾仁

菜品简介：

阿五茄汁虾仁以新鲜虾仁挂糊炸后，在糖醋虾仁的基础上加入“甜辣”味，使其味道发生微妙的变化，特别是上好的脆浆，使炸好的虾球晶莹透亮，是一道中西结合的创新豫菜。

特点：色泽红润，晶莹透亮，甜酸微辣，皮脆肉嫩

主料：鲜虾仁
辅料：龙须面、鸡蛋
调料：生粉、特一粉、泡打粉、油、清水、泰式甜辣酱、白糖、家乐番茄沙司、白醋、精盐、料酒
工艺流程：

1.虾仁去沙线洗净，拈干水分，加精盐、料酒腌10分钟；

2.将生粉、特一粉、鸡蛋、泡打粉 、油加清水制成脆皮糊；

3.锅上火，加入油烧至6成热，把虾仁放入打好的糊内，裹匀，入油锅炸成圆球至金黄皮脆，捞出装盘；

4.甜辣酱、白糖 、家乐番茄沙司 、白醋熬成汁，浇在炒好的虾仁上，点缀香葱花即可。

扒羊肉

河南十大名菜

菜品简介：

羊是祥，历史上是贵族食品。宋代汴京72家正店均以羊肉为主要原料。羊肉性温，老少咸宜。此菜选用熟制后的肥肋条肉，切条，配炸黄的葱段、玉兰片铺至锅箅上，添高汤，下作料用中武火扒制，至汁浓后翻入盘内，锅中汤汁勾流水芡，少下花椒油起锅浇汁即成，成菜软香适口，醇厚绵长。

特点：色泽红亮、软香可口

主料：羊肋肉

辅料：雪菜、葱段、葱姜末

调料：精盐、胡椒粉、料酒、八角、花椒油、葱油、蚝油、生抽、生粉、高汤、家乐鸡粉

工艺流程：

1.羊肉泡水，煮7成熟，捞出压制晾凉；

2.雪菜泡水洗净，切段，控干水分；

3.竹篦底放入炸好的葱段，将羊肉切方片，呈马鞍桥形整齐排入碗内；

4.锅中添油，放入葱姜末炒香，放入雪菜炒干水汽，盛到羊肉上；

5.锅内添油，下入葱段炒香，加入高汤，下入调料，放入摆好的羊肉，扒30分钟捞出，翻扣于盘内；

6.剩余汤汁浇在羊肉上，淋明油即可。

松仁西葫芦

菜品简介：

西葫芦富含蛋白质、矿物质和维生素，是公认的保健蔬菜，具有除烦止渴、润肺止咳、清热利尿、消肿散结的功效。松仁其脂肪大部分为油酸、亚油酸等不饱和脂肪酸，对促进脑细胞发育有良好的功效，被人们作为益智健脑的首选佳品。两者结合，口感清爽香滑，相得益彰，是“家常不寻常”的代表作品。

特点：色泽翠绿、鲜咸味美

主料：西葫芦
辅料：松仁
调料：精盐、生粉、鸡油、葱油、色拉油、家乐鸡粉
工艺流程：
1.西葫芦洗净，去皮去瓤，改刀成片；
2.锅内添色拉油，烧至4成热，下入西葫芦，浸透后出锅控油；
3.锅内添入葱油，下入西葫芦、精盐、家乐鸡粉调味；
4.轻轻翻炒，勾少许薄芡，淋上剩余葱油，撒上松仁即可。

薄皮素包子

菜品简介：

包子是北方传统主食。薄皮素包子，皮薄如纸，折如菊花，伴有韭菜的清香和鸡蛋的鲜嫩，为阿五美食特色主食。

特点：造型美观，皮薄馅鲜

主料：高筋面
辅料：韭菜、粉条、鸡蛋、鸡汤、葱花
调料：精盐、十三香、香油、老抽
工艺流程：

1.将面粉加入水和成半烫面团下剂备用；

2.锅内加入清油，下入葱花炒香，添入鸡汤，放入粉条，加老抽收汁即可；

3.鸡蛋剁碎，韭菜、粉条切碎；

4.鸡蛋加入粉条，进行调味，最后再放入韭菜拌匀即可；

5.将面擀成圆形薄片，上馅，包成包子形状，上笼蒸5分钟即可。

炝锅面

菜品简介：

炝锅面是中国厨师之乡河南长垣的一道名吃。所谓“炝锅”，即将配料炒香，原汤下面，有鸡蛋炝锅面、肉丝炝锅面之分。

特点：汤鲜面筋，咸香味美

主料：手工面条

辅料：鸡蛋、青菜、番茄、葱姜

调料：精盐、葱油、高汤、家乐鸡粉

工艺流程：

1.将葱、姜切丝，鸡蛋打散，番茄切小块；

2.锅内添油烧热，放葱姜丝炒香，下入鸡蛋炒熟，放入番茄炒出红汁，添入高汤；

3.将面条下入炝好的汤中煮熟，调味，装入碗中即可食用。

阿五美食

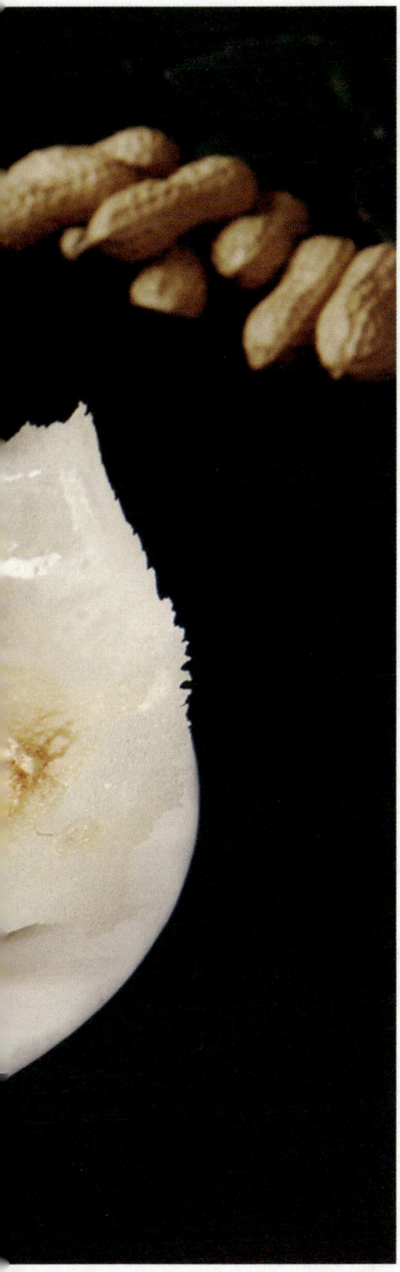

牛肉水煎包

中华名小吃

菜品简介：

水煎包在烹制过程中融煮、蒸、煎于一体。刚出锅的水煎包，色泽金黄，一面焦脆，三面软嫩，脆而不硬，香而不腻，是阿五一道特色美食。

特点：面软肉鲜，咸香味美

主料：牛肉馅、面粉

辅料：粉条、葱花、姜末、老面头、

调料：盐、十三香、葱油、鸡油、香油、碱面、泡打粉、老抽、家乐鸡粉

工艺流程：

1.将牛肉馅加入盐、十三香、水打匀后加入葱花、姜末、粉条、葱油、鸡油、香油、家乐鸡粉拌匀成馅；

2.煎包面：特一粉、水、碱面、泡打粉、老面头制成发面团，下剂，包入牛肉馅待用；

3.将水煎包放入电饼铛内，底煎黄后倒入面糊水，煎干后淋入熟油即可出锅食用。

长垣枣发糕

菜品简介：

“枣糕”是中国厨师之乡河南长垣家喻户晓的地方名小吃。

因“枣糕”与“糟糕”谐音，阿五美食故将其改为“枣发糕”，用南瓜和糯米制成面皮，河南特产大枣去枣核剁成泥为馅料，经过火候的合理掌握，达到“色泽金黄、软糯甜香、甜度适中、老少皆益”。

特点：枣香扑鼻，软糯香甜

主料：红枣、去皮老南瓜

辅料：面包糠、糯米粉

调料：白糖、猪油、吉士粉

工艺流程：

1.红枣煮熟去核，南瓜去皮蒸熟剁成泥，加入猪油、吉士粉、糯米粉，和成面团，下剂；

2.将下好的剂包入馅心，裹上面包糠；

3.锅上火添油，四成热，下入包好的枣糕炸金黄至熟即可。

厨乡烩面

中华名小吃

菜品简介：

河南面食多有所长，烩面是代表之一，此面汉魏时期亦称汤饼，唐以后名称渐变，宋代汴京食店便有“插肉面、大奥面”的供应，后多称羊肉烩面，取其筋软光滑、汤醇性温。

烩面大兴于上世纪八十年代，得益于改革开放、流动人口大量增加、餐饮业需求大增。20年间烩面不但成为郑州市的城市名片，也成了河南、郑州的另一种风情。

特点：汤鲜面筋，鲜香醇厚

主料：高筋粉、盐、水

面片的制作方法：把面和至软硬适中揉成长条制成片状待用。

辅料：粉条、木耳、黄花菜、豆腐丝、羊肉、香菜、糖蒜、鹌鹑蛋

调料：盐、羊油、葱油、家乐鸡粉

煮汤：羊骨头、鸡架、水，用大火熬制4个小时，至汤浓白即可。

卤羊肉：把煮好的羊肉切成长宽高各一厘米的正方形；加入葱、姜、蒜和切好的羊肉一起炒；加入羊汤，放入料包卤制成熟即可。

工艺流程：

1.加入熬好的羊肉汤，下辅料面片，煮制成熟捞出；

2.把煮好的面放入调好味的碗中，加汤后放上卤羊肉、香菜即可食用，根据口味可加入辣椒食用。

十年阿五 百年豫企 千年豫菜

我们刚经历了企业初创的十年

我们将共同创造出豫菜企业的百年基业

我们为了沉淀千年的豫菜再次复兴而努力

我们愿与志同道合者一起 将中华美食传播到全世界